Hermann-Otto Leng

Suizid als Freitod

Prüfsteine

Umschlag, Illustration: tredition Gmbh
Lektorat, Korrektorat: Dieter Goeschel

Verlag & Druck: tredition GmbH, Halenreie 40-44, 22359 Hamburg

ISBN
Paperback 978-3-347-07902-1
Hardcover 978-3-347-07903-8
e-Book I978-3-347-07904-5

Inhaltsverzeichnis

1 Einige Gedanken vorab

Auf der Startseite steht: „Das Leben nehmen". Eigentlich gehört Dein Leben doch Dir, denkst du. Also hast auch nur du allein das Recht, es Dir zu nehmen. Oder? Schon sind wir mittendrin im Wust der ungeklärten Gemütslagen, den man auch gerne „Seele" nennt. Allgemein wird geglaubt, der/die Einzelne besitze zwar sein Leben, das sei sein grundlegendes Eigentum, wie Locke meinte, - aber am Ende wird es uns weggenommen. Von Gott, oder vom Schicksal, oder vom Teufel, oder von wem auch immer. ´Mein Tod gehört mir` (so auch der Titel eines klugen kleinen Buches von Svenja Flaßpöhler, 2013), das wird als eine bornierte und freche, ja sündhafte Behauptung abgewiesen.

Schon merkwürdig, dass ich etwas, was mir gehört, mir nicht nehmen darf. Aber man kann es ja auch so sehen zu sagen, dein Leben gehört gar nicht Dir, es gehört Gott, dem Staat, der Familie, der Gesellschaft, wem auch immer. Wir werden das aufzugreifen haben.

Jeder Freitod sollte „wohlerwogen" sein.

Wie sieht es aktuell bei Dir aus? Ist Dein Denken und Vorstellen akut von Suizidabsichten besetzt? Dann bist Du hier falsch. Dir geht Pathologisches durch den Kopf. Dir hilft kein Lesen, Du brauchst Gespräche, Gespräche.

Telefon

0800-1110111 (auch anonym)

Wir verhandeln hier den Freitod als einen Bilanz- und Alterssuizid. Dieser eigentliche Freitod fristet noch das Dasein eines Mauerblümchens, die pathologischen und die Verzweiflungssuizide überwiegen eindeutig. Und viele scheitern.

Die sorgfältig geplante Freitodabsicht klingt anders: „Alles war mir letztlich angemessen, ich hatte ein reiches, ein schönes Leben. Aber nun ist es gut. Es wird Zeit zu gehen." Eine schöne kleine Broschüre in dieser Tonlage hat Ines Moll-Schmidhäuser geschrieben, Aus freiem Willen gehen, DGHS-Schriftenreihe Nr. 14.

An ein bestimmtes Alter ist natürlich auch der Bilanztod nicht geknüpft, natürlich spielt auch die körperliche und geistige Verfassung eine gewichtige

Rolle. Es kann dann auch halt zu spät sein. Hast du Deinen Bodensatz an Verdrängungen kritisch im Blick?

Weitgehend gilt der Freitod noch als ein Tabu. Aber der Tod schlechthin wird ja auch weitgehend tabuisiert. Zumindest solange er für uns noch nicht wirklich da ist. Hernach folgen die salbungsvollen Worte. Eine klarere, nüchterne Betrachtungsweise kommt aber voran, besonders seit dem Beginn dieses Jahrhunderts.

Traditionell besaß der „Selbstmord" als heroische Ausnahme von der Regel zwei Rechtfertigungen: zum einen die verlorene „Ehre" (das letzte Duell in Deutschland wurde 1937 ausgetragen) zum zweiten gab es und gibt es den gewollten (?) Opfertod (die christlichen oder sonstigen Märtyrer/innen). Den einen wurde Respekt zuteil, die anderen hat man oft bewundert.

Beides ist in unserer demokratischen Zivilgesellschaft nahezu verschwunden. Zugleich aber sehen wir, wie grausam eine künstliche, medizinisch-technische Lebensverlängerung sein kann, mit all ihren Ermahnungen zum Durchhalten - eine neue Version des Opfertods? Werden wir Opfer einer Instrumentalisierung?

In der Antike wurde Hegesias als „Selbstmordprediger" bekannt (Peisithanatos =„der zum Tod Überredende"). In dessen Fußstapfen wollen wir nicht treten. Wir sind keine Suizid-Prediger und hoffentlich auch frei davon, uns in aller Eitelkeit mit einem interessanten Thema ins Schaufenster zu stellen. In aller Geringfügigkeit wollen wir uns an einem Kulturwandel beteiligen, wie er bereits eingesetzt hat: den Tod zu entmythologisieren.

Bleib also locker und halte lächelnd Distanz zum Reden der Leute.

Der Schritt in den mors voluntari, in den Freitod, ist wahrlich nicht leicht, gerade auch beim Alterssuizid nicht. Selbst wenn du das Gerede der Leute , so ein „Selbstmord" sei doch abwegig, hinter dir gelassen hast, musst du Dir noch viel Selbstsicherheit, auch Demut (nimm Dich und Dein kleines Leben nicht so wichtig...) und Tapferkeit aneignen.

An der Debatte um den sogenannten assistierten Suizid wollen wir uns nicht beteiligen. Auch in der Schweiz, wo es Exit gibt, wird diese Debatte in aller Heftigkeit geführt. Für uns hier im Blog ist diese Debatte ein Nebengleis. Menschen, denen beispielsweise auch von ärztlicher Seite „ein unerträgliches Leiden" eingeräumt wird (und die in Deutschland trotzdem nicht sterben dürfen, stattdessen u. U. sediert werden) betteln, so sie ihre Lage klar erkennen, um den Verzweiflungssuizid.

Bewahre Dir die Freiheit, aus eigenem Entschluss zu gehen.

Du hast ein Recht auf Leben, klar. Aus diesem Recht kann aber keine Pflicht zum Leben ableitbar sein. Unsere Bevormunder in der Suizidfrage spielen mit Tabus, mit Deinen Ängsten, auch mit Deiner Autonomie und Deinem Selbstbestimmungsrecht. Und sie stützen sich dabei unterschwellig auf den Vitaltrieb, den Selbsterhaltungstrieb, wie er sich mit aller Heftigkeit zu melden pflegt.

Ach, da fällt uns gerade ein weiser Satz des römischen Dichters Lukrez ein. "Neues Vergnügen bildet sich nicht durch längeres Leben." Ja, es gibt das überlange Leben. Seneca sah es bei den Toren, und er hoffte, auch diese würden noch weise werden. Bisher vergeblich.

Albert Camus meinte, „Die Frage nach dem Selbstmord ist das wichtigste philosophische Problem überhaupt." Warum? Weil es wirklich schwierig ist, ein Urteil (also auch emotional) darüber zu fällen, wann ein Leben „satt" ist, wann es nicht mehr lebenswert ist. Die Menschen laufen vor dieser Frage in aller Regel davon.

Der konsequente Entschluss zum Freitod wird immer ein einsamer sein. Es ist keine gesinnungsethische Entscheidung. Da würdest du Gefolgsleute finden oder dich anschließen. Es ist eine verantwortungsethische Entscheidung. Du wirst dabei mit verkrusteten Denkweisen, Tabus, Ängsten und Verdrängungen konfrontiert, wie sie auch zäh in dir selbst leben. Von einem gelassenen Verhältnis zum Tod sind wir noch sehr weit entfernt.

Manches hier im Blog ist wenig geordnet, manches vielleicht auch unausgegoren, und es wird sicherlich auch rhetorische Wiederholungen geben. Diese Wiederholungen werden wahrscheinlich aber auch den Schreiberlingen selbst gut tun. Das Sterben kann man nicht übend lernen, weil es ein einmaliger Vorgang ist. Aber man kann sich in die Gedankenwelt eines freien und würdevollen Sterbens wiederholend mehr und mehr hineinbegeben.

2 Was ist für Dich ein würdevoller Tod?

2.1 Den freien Tod in Würde akzeptieren

Wie viele Menschen sterben in unserer Zeit einen würdevollen Tod? Die allermeisten sicherlich nicht. Wie viele Menschen bringen sich gegenseitig gewaltsam um? Viele - in Kriegen, Attentaten, Unglücksereignissen, auch durch seelische Grausamkeiten. Und überhaupt sieht es so aus, dass sich nun die gesamte Menschheit umbringen will, indem sie den Planeten unbewohnbar macht.

Es ist schon paradox, wie sich die Menschen gegenseitig umbringen und dabei über das fünfte der zehn christlichen Gebote brutal hinweg sehen, und gleichzeitig wollen sie den persönlichen Freitod nicht zulassen. Die individuelle, freie, souveräne Selbsttötung wird mit Vehemenz tabuisiert. Aber sollten wir nicht es geradezu als ein Gottesgeschenk betrachten, dass der Mensch wohl als einziges Lebewesen über diese Gabe verfügt? Seneca hat betont, es sei doch eine Freude zu wissen, dass wir als Menschen wirklich selbstbestimmt unserem Leben ein Ende setzen können.

Wir blicken auf eine Mixtur von religiösen Gewissensvorgaben, Trieben, Gemütslagen und Ängsten. Wenn du zu einem ruhigen Urteil über deine Freitodabsichten kommen willst, müssen wir diese Mixtur aufdröseln. Das macht Mühe und ist nicht einfach.

Der bisher wortgewaltigste Befürworter des freien Todes war Friedrich Nietzsche. Er konnte sich dabei auf antike Vorbilder stützen - Pythagoras, Demokrit, Epikur, einige Kyniker und Stoiker und auch Cato beispielsweise. Natürlich war er sich auch darüber im Klaren, dass wir von einer gesellschaftlichen Akzeptanz des Freitodes noch weit entfernt sind. Auch heute, 150 Jahre später, haben wir diese Akzeptanz noch längst nicht erreicht.

Das Selbstbestimmungsrecht über das eigene Sterben ist ein konstitutiver Teil unserer persönlichen Würde. Eine Würde, die gemäß dem Grundgesetz der BRD auch gegen das Übliche, gegen das gesellschaftliche „Man“ (Heidegger), gilt. Es geht um ein individuelles Recht vor aller Vergemeinschaftung. Lass dich nicht einschüchtern.

Für Nietzsche war „der natürliche Tod“ kein Tod in Würde. Der Mensch erlange seine Würde erst dann, wenn er souverän von seiner eigenen Vernünftigkeit Gebrauch zu machen versteht.

Die gängige Vorstellung, ein großer Gott oder die Natur habe uns bei unserer Geburt das Leben „geschenkt“ und sie würden uns dieses Geschenk, wenn es denn an der Zeit ist, dann wieder entziehen, empfand der Philosoph des Ecce Homo als eine klerikale Bevormundung.

Auch Epikur sprach sich deutlich dagegen aus, den Tod religiös oder sonst wie aufzuladen. Solange wir da sind, ist der Tod nicht da. Und wenn der Tod da ist, sind wir nicht mehr existent. So what? Aber Gott und die Götter? Ach, sagt Epikur, die kümmert das nicht; sie haben anderes zu tun als sich einzumischen in die Natur des ewigen Werdens und Vergehens.

Aus diesem Werden und Vergehen besteht das ganze Leben. Indem die Natur alles Leben nur als ein konkretes einzelnes Leben hervorbringt und auch einzeln und individuell beendet, zeigt sie uns ihre tiefe Weisheit und ihr Vermögen.

Der Tod ist immer ein einzelner Tod und als solcher vollkommen vernünftig und sinnvoll. Du bist angehalten, dazu ja zu sagen und deine Sterblichkeit demütig zu akzeptieren. Es ist auch nichts sonderlich Heroisches dabei.

In seiner Fähigkeit zum Freitod zeigt sich allerdings für den Menschen etwas ganz Besonderes. In einer singulären Verantwortung bezüglich seines Lebens und seines Lebensendes, in dieser besonderen Autonomie, offenbart sich eine einzigartige Würde. Dieser Würde und dieser Verantwortung gerecht zu werden ist schwer. Du musst besonnen, demütig und tapfer sein.

2.2 Das Lebensende

Ist ein Kunststück zu dem nur wenige in der Lage sind.

2.3 Die Freiheit im mors voluntari

Unablässig ist sie im leeren Gerede, die Freiheit. Doch du willst, dass es sie auch sinnvoll gäbe?

Die Freiheit „von“ wird ja gerne eingeklagt, als Willkür. Die Freiheit „zu“ wird gern vertagt. Verantwortung würde uns dabei quälen.

Lästig, lästig.

So kommt es dann gar zu einem Freiheitsverbot, - auch dort, wo es die freie Verantwortung doch gäbe, beim freien Tod.

Du sollst hier nicht frei wählen. Schauerliches vom Tod wird man erzählen.

Im Sterben seist du aller Verantwortung beraubt. Wie falsch! Wohl dem, der auf sich selbst vertraut.

2.4 Erasmus von Rotterdam

Wer aber waren vornehmlich diejenigen, die sich aus Lebensüberdruss selbst den Tod gaben? Waren es nicht die Freunde der Weisheit? ... Ihr seht wohl nun, was geschehen würde, wenn der Durchschnittsmensch sich einfallen ließe, weise zu sein." Zitiert nach Svenja Flasspöhler, Gibt es einen guten Tod? Philosophie Reclam 2018, die die Frage anfügt, "Was wenn der Suizid ein durch und durch vernünftiger Akt wäre? Welche Folgen hätte dies ganz praktisch?" Siehe dazu auch LF 3 Das Gesellschaftsargument, dort besonders die von Robert Spaemann hervorgehobenen Ängste.

2.5 Dem Tod rational und gelassen ins Auge sehen

Es gibt viele gute und vernünftige Gründe, mit deren Hilfe wir der unmittelbar gegebenen Unheimlichkeit des Todes begegnen können. Norman Brenner, selbst noch recht jung an Jahren, hat sie eingängig aufgeführt.

Mit ‚Vernunft' ist das allerdings so eine Sache. Im Gegensatz zur Antike, von woher Norman viele seiner guten Zitate bezieht, ist unser Glaube an eine ‚höhere Vernunft' allerdings doch sehr geschwunden. Übrig geblieben sind rationale Argumente.

Natürlich ist es im Kampf gegen die Todesfurcht zunächst einmal hilfreich, sich überhaupt mit dem Tod zu beschäftigen, dem lange verdrängten. Aber jeder von uns weiß, dass Ratschläge auch Schläge sein können und dass der Verstand allein, die Todesfurcht nicht besiegen kann. Es dauert halt ...

Der Link:

https://www.vernuenftig-leben.de/angst-vor-dem-tod/?
utm_source=ActiveCampaign&utm_medium=email&utm_content=%5BVL
%7CG%5D+Ich+werde+sterben&utm_campaign=40+beruhigende+Gr
%C3%BCnde%2C+keine+Angst+mehr+vor+dem+Tod+zu+haben vernuenftig-leben.de/angst-vor -dem-tod/?utm_source

3 Kennst Du genügend Einwände gegen Suizid?

3.1 Freitodwille und die heftigen Suizideinwände

Diskursive Argumente gegen den Freitod gibt es kaum. Wohl aber gibt es gegen ihn mächtige Vorbehalte, stille Hintergedanken und abwehrende Gefühle. Viele von uns weigern sich ja, den Gedanken an den Tod, geschweige denn den an den Freitod, überhaupt an sich herankommen zu lassen. Und es gibt die Bevormundung seitens derer, die meinen es besser zu wissen, im Lager der Theologen und Mediziner vor allem.

Der Tod ist ein mit Angst und Furcht besetzter Archetyp; wir betrachten ihn gängiger weise nicht als einen Freund, er ist ein Feind, ein Feind des Lebens. Zahllos sind die Geschichten, in denen Gevatter Tod gebeten wird, er möge sich noch einmal davon schleichen.

Das ist verständlich und war wohl noch nie anders. Versetzt man sich in die Lage der Menschen in der Frühzeit, in deren lange, lange Geschichte, der gegenüber unsere stolze Moderne eine historische Winzigkeit ist, lässt sich der Tod als eben jener brutaler Verlust des Lebens nachempfinden, der er ja auch war. Mit einer Lebenserwartung von kaum mehr als 30 Jahren zogen sie bekanntlich als Jäger und Sammler in kleinen Horden umher, und der Tod schlug wohl meist unverhofft zu. Tragisch für den/die einzelne(n), tragisch zumeist als schwerer Verlust für die ganze Gruppe. Die ganz schwach Gewordenen ließ man allerdings notgedrungen einfach zurück.

So gut wie alle starben zu früh. Ein überlanges Leben, wie es heutzutage fast normal geworden ist, lag außerhalb aller Möglichkeiten. Auch heute noch ist das Leben ein Abbruch, es gibt kein ‚vollendetes' Leben, aber eine Lebensdauer von nur 30 Jahren uns als ‚normal' vorzustellen, ist doch fast unmöglich.

Das Leben und den Tod mit einer vornehmen Distanz zu betrachten, Abstand zu gewinnen und den Lebenskampf auch in seinen lächerlichen Zügen zu sehen, war sicherlich unmöglich. Sie konnten nicht anders, als den Tod als einen übermächtigen Eingriff in ihr karges Leben zu sehen, sie mussten ihn mystifizieren.

Den eigentlichen Kampf mit dem Tod, mit dem Ziel, ihn in einem höheren Leben zu überwinden, nehmen dann die großen Mythologien auf. Der Tod darf nicht länger der Tod sein, er muss von einem Leben überwunden werden, das unauslöschlich ist, zumindest geistig und wenn irgend möglich auch durch ein irgendwie geartetes Weiterleben des Körpers. Der ägyptische Osiris-Kult ist ein eindrucksvolles Beispiel. Die Idee des ewigen Weiterlebens war nun da und blieb.

In der griechischen Mythologie ist Thanatos der Dämon des Todes, ein richtig böser. In dem von Euripides ausgestalteten Drama um Alkestis, kann erst der heldenhafte Herakles in einem großen Ringkampf dem Dämon Thanatos das Leben des Atmetos wieder entreißen, ihm also ein Fortleben möglich machen. Der Tod erfährt also eine Negation seiner selbst. Die alten Griechen waren allerdings recht nüchterne Leute, ihre Toten kamen unerlöst in den Hades, in das Schattenreich.

Das Christentum aber verspricht Erlösung. Es steigert das Weiterleben in der Weise, dass eine moralische Zielvorstellung hinzu tritt. Eine Zielvorstellung für das Weiterleben nach dem Tod, der bereits das gesamte irdische Leben unterzuordnen ist.

Heutzutage wird in dem heraklitischen Ringkampf mit dem Tod eine imposante medizinisch-technische Apparatur aufgefahren, mit Maschinen und Medikamenten. Diese Instrumentalisierung des Lebensendes, diese Verdinglichung des Kampfes mit Thanatos ist beeindruckend. Futuristen arbeiten bereits heftig daran, den Tod biologisch ganz abzuschaffen.

Und nun kommst du daher und reklamierst das Recht auf ein selbstbestimmtes Sterben für dich. Das passt nun aber gar nicht zusammen. „Was erlauben Strunz?" war ein Ausspruch des ehemaligen Fußballtrainers Trapatoni, der zu einem geflügelten Wort für ein freches und abwegiges Auftreten wurde.

Mensch, willst du dich mit dem Tod am Ende sogar anfreunden? Da müssten wir ja grundlegend unsere ganze Einstellung zum Leben ändern. Das Leben gilt uns gemeinhin doch als ein Kampf, eine Bewältigungsaufgabe. Warum können wir den Tod nicht eben auch bewältigen?

Die klerikalen Bevormundungen, wie wir sie in dieser Leitfrage noch zu analysieren haben, wurzeln letztendlich in diesem althergebrachten mythischen Bodensatz, hinter dem wiederum unser Vitaltrieb steckt. Du kannst diese Bevormundungen übergehen, eine solide Urteilsbildung ist dies dann aber nicht.

Betrachten wir das in Frage Stehende noch einmal philosophisch-allgemein. Wir reklamieren für uns in der Freitodfrage Autonomie und Selbstbestimmung und betrachten dies als ein Freiheitsrecht. Freiheit, Selbstbestimmung und Autonomie sind hohe Güter. Unumstritten sind sie gleichwohl nicht, und es ist auch die Frage, ob nicht den meisten Menschen Geborgenheit und Vertrauen am Ende deutlich wichtiger sind. Freiheit vereinzelt, Geborgenheit macht abhängig. Welchen Weg willst du gehen?

Mit deiner Freitodentscheidung stellst du dich gegen den vorherrschenden gesellschaftlichen Konsens, dass das Lebensende nicht in unserer Hand liegt, dass wir dieses Ende schicksalsergeben abzuwarten haben, dass wir auszuharren haben, dass wir aber hoffen dürfen und sollen - dass wir irgendwie vertrauen sollen.

Du aber machst deinen alleinigen Willen geltend. Philosophisch überhöht und auch etwas hingebogen könntest du dich damit rechtfertigen, dass man alleinig auch als ‚all-einig' interpretieren kann. Ein solches Wortspiel würde das Ganze zu dem antiken Vernunftbegriff hin gleiten lassen, zu einer Teilhabe an der Logos-Vernunft. Ist doch ein überlanges Leben nicht logisch, vielmehr unvernünftig. Der Logos der Natur will die ständige Erneuerung.

Aber einsam macht dich deine Entscheidung gleichwohl. Wer nicht mit der Herde trottet, für den kann es ungemütlich kalt werden. Wir wollen ja darauf hinarbeiten, dass sich die herrschende Meinung in der Freitodfrage endlich ändert. Und wir können da guten Mutes bleiben, das überlange Leben wird auf Dauer nicht zu halten sein, vieles an den gegenwärtigen Zuständen wird sich nicht fortführen lassen. Das zeigen dir schon ein paar simple Hochrechnungen.

Dennoch und noch einmal: Als ‚wohlerwogen' kann ein Urteil (und dann die Entscheidung) nur gelten, wenn man zuvor bemüht war, die Gegenargumente an sich herankommen zu lassen. Das musst du dir schon zumuten. In Anbetracht der Ängste, die du ohnehin hast (s. Leitfrage 7) könnte es nämlich sein, dass diese Vorbehalte am Ende doch zuschlagen. Sie leben in dir, auch wenn du bequemerweise über sie hinweggehen möchtest.

Schau dir allein nur die Debatten um den § 217 an. Da fallen dann Sätze wie: „Sterbewünsche sind Lebenswünsche." Oder: „Gerade am Ende ist das Leben besonders schützenswert." Mit solchen Sätzen beschwören ‚Lebensschützer' einen Lebensschutz ganz allgemeiner Art, echt paternalistisch.

Philosophisch gesehen gibt es „das" Leben nicht. Leben ist immer einzelnes, konkretes Leben und dein Leben ist dein Leben. Der Rest ist Abstraktion.

Also gut, das eine ist dein Vitaltrieb, deine Lebenslust, dein Daseinshunger, der entschiedene Wille, das Leben zu ergreifen und zu bewältigen. Das andere ist der

Überbau, der mythologische, der religiöse, der ideologische. Er reicht tief hinein in unser historisches Geworden Sein und schlägt sich in unserem Gewissen nieder.

3.2 Unsere Suizidkultur

Seit Émile Durkheim, er schrieb gegen Ende des 19. Jahrhunderts, wird der Suizid wissenschaftlich analysiert. Für Durkheim galt er als ein Ereignis, das an sich zwar gar nicht vorkommen dürfte, das gleichwohl in allen Kulturen, den historischen und den gegenwärtigen, auftritt.

Hier im Blog haben wir zwar nicht die Absicht, soziologische, psychologische, historische etc. Analysen anzustellen; wie sehr aber die Einstellungen zum Suizid bzw. zum Sterbewunsch, in den verschiedenen Kulturen auseinandergehen, ist indes schon ein Phänomen, das nachdenklich macht.

Und zu vergleichen ist ja immer interessant. Leben wir in einer suizidtoleranten Kultur und Gesellschaft, oder ist die gegenwärtige Einstellung zum ‚Selbstmord' in einem spezifischen Sinne suizidfeindlich? Natürlich steht die jeweilige Sichtweise zum Suizid dann immer auch in dem größeren Horizont der gesellschaftlichen Haltung zu Leben und Tod schlechthin.

Vorweg urteilend lässt sich mit Thomas Macho zunächst einmal sagen, der Suizid habe im 20. Und 21. Jahrhundert eine „radikale Umwertung" erfahren. Diese radikale Umwertung muss allerdings auf dem Hintergrund gesehen werden, dass wir geschichtlich aus einer extrem suizidfeindlichen Kultur kommen.

In unserem christlichen Abendland war und ist bis heute der Suizid eine schwere Sünde vor Gott. Und zu David Humes Zeiten beispielsweise, also noch im 17. und 18. Jh. und teilweise auch später noch, wurde er auch innerhalb der weltlichen Rechtsprechung als ein so schweres Verbrechen beurteilt, dass auch ein Hume es nicht wagte, öffentlich den Suizid als eine Möglichkeit des Sterbens anzusprechen. Sein Eintreten für den Freitod und seine klugen Gedanken hierzu fanden sich erst in seinen Nachlasspapieren. Siehe zu Hume Leitfrage 5.

Heutzutage stellt uns die industrialisierte Gesellschaft und ihre Produktionsverhältnisse, wie sie ja auch das Gesundheitswesen erfasst hat, vor eine grundlegend neue Situation. Es gibt ja keinen ‚natürlichen' Tod mehr. Auch hat man von Seiten der Kirchen inzwischen eingesehen, dass jeder Mensch das Recht auf ein würdevolles Begräbnis hat, was früher nicht der Fall war. Den

Suizid als ein Verbrechen zu bestrafen, macht keinen Sinn mehr, man kann die Straftäter im Nachhinein ja ohnehin nicht mehr belangen. Gleichwohl, anerkannt als eine fraglos legitime Art zu sterben, ist der „Selbstmord" nach wie vor nicht.

Der Weg in die künstliche Lebensverlängerung durch die Möglichkeiten der High-Tech-Medizin hat uns vor eine neue Situation gestellt, wie sie geschichtlich ohne Beispiel ist. Die geistige Verarbeitung dieser neuen Situation, dieser Wandel an der ‚Basis' (Karl Marx grüßt zurecht) kommt nur langsam voran. Dieter Birnbacher fordert folgerichtig zu einer grundlegenden Neubesinnung in der Frage nach dem Tod auf (Dieter Birnbacher, Tod, 2017, S. 10 ff.).

Allein schon die innere Logik der Blockstruktur von Kapital und Technik, die Akkumulationslogik, treibt den Prozess voran. Sterben und Tod sind ökonomisiert worden, wie das gesamte Gesundheitswesen überhaupt. Jeder Arzt ist sich dessen bewusst, bis in die die Details der „Fallpauschalen" hinein, und hat dies bei seinem Handeln zu berücksichtigen. Einen direkten Akteur in diesem Prozess gibt es nicht, alle handeln sie systemkonform, alle sind sie eingebunden in die große Maschine (Mumford), die uns ja auch viel Segen gebracht hat.

Es ergibt sich ein zwiespältiges Bild was den Suizid betrifft. Wieder etwas vorausgreifend und wieder mit Thomas Macho können wir sagen: wir leben in einer durchaus suizidaffinen Zeit, was die geistigen Eliten betrifft. Der Suizid wird dort häufig verstanden als ein persönlicher Protest gegen die überkommenen Normen und Konventionen. Im allgemeinen Betrieb hingegen, in unserer Gesundheitspolitik, wird der Suizid als Krankheit gesehen und behandelt.

Birnbacher kommt zu dem Ergebnis, dass der Tod zunehmend in den Bereich der Gestaltbarkeit gerückt ist (S. 47). Dies einerseits im Bereich der allgemeinen medizinisch-technischen Handhabung, wie dann eben auch in dem persönlichen Bereich als eine Selbstbestimmung und „Selbsttechnik" (Foucault).

Auf der Suche nach Orientierung kann ein Kulturvergleich besonders zur vorchristlichen Antike einigen Aufschluss erbringen. Hier steht uns ja erfreulicherweise eine Reihe von schriftlichen Quellen zur Verfügung.

Die Antike war allgemein keine ausgesprochen suizidaffine Kultur, auch der antike Mensch war geprägt von Todesfurcht und von dem uns eingeborenen Vitaltrieb. Es waren die philosophisch ausgerichteten geistigen Eliten, in denen sich die Befürworter des Freitodes fanden. Am wohl bekanntesten wurden hierbei die Kyniker und Stoiker. Vergleiche hierzu auch die bei LF 4 gemachten Aussagen.

Am Rande soll kurz auf einige den Alterssuizid deutlich bejahende kulturelle Strömungen hingewiesen werden. Auf den Fidschiinseln sah man Kinder als zu nachlässig an, wenn sie ihre altersschwachen Eltern nicht in den Tod führten. Im Alten Japan gab es die Mitwirkung der Jungen beim Alterssuizid ebenfalls. Rituelle Suizide waren im nördlichen Sibirien üblich, ebenso bei den Germanen. Auf der griechischen Insel Keos gab es im Altertum den Suizid der über 60jähringen geradezu als eine Vorschrift.

Verletzte Ehre war für den Suizid, oft vollzogen als Selbstentleibung mit Dolch oder Schwert, in früheren Kulturen das tragende Motiv; besonders grausam ritualisiert im alten Japan. Seppuku, die Selbsttötung, weil man das „Gesicht verloren" hatte, wurde dort erst 1868 offiziell verboten. Das letzte bekannt gewordene Seppuku datiert von 1970. Es hatte sich im Rittertum der Samurai im 12. Jh. ausgebildet. Im Westen oft Harakiri genannt, erfasste es weite Teile der Oberschicht, zum Beispiel auch die Gefolgsleute eines hochgestellten Samurai, die so in den Tod gingen, wenn ihr Herr und Gebieter zu Tode gekommen war.

Noch heute ist Japan das Land mit den meisten Suiziden weltweit. Er gilt ja nicht als Sünde, eine solche religiöse Tradition ist in Ostasien nicht gegeben, und das „Gesicht zu wahren" blieb grundlegend wichtig.

Natürlicherweise stand in den frühen Gesellschaften vornehmlich der Alterssuizid im Vordergrund. Die materielle Basis war oft zu karg, um die Alten durchzuschleppen. - Aber wie ist es denn heute? Wie sieht sie aus, die Perspektive?

Können es sich die postindustriellen Gesellschaften langfristig leisten, dass nur noch ein Drittel der Bevölkerung überhaupt produktiv ist? Sagen wir zwischen ca. 30 und 60 Jahren? Diese mittlere Generation muss dann beides leisten, Kinder großziehen (mit einer langen Phase der Ausbildung) und die Alten ca. 25 Jahre lang alimentieren. Würde das in direkter Weise so geschehen und nicht indirekt durch verschachtelte Transferprozesse, könnte die Rede vom Generationenvertrag wirklich brisant werden.

Das Alt- und Uraltwerden wird in unserer Gesellschaft vorbehaltlos ja positiv gesehen. Diese Bejahung des Altwerdens reicht natürlich bis in den instinktiven Bereich einer Bejahung des Lebens um jeden Preis hinein. Auch im ‚Überbau' bringt der Zeitgeist Träume von einer ewigen jugendlichen Fitness, ja sogar von einem ewigen Fortleben hervor.

Die Todesfurcht und der tief in uns verankerte Wille zum Leben sind notwendig, damit sich das Leben dem großen kosmischen Prozess der Auflösung, dem Vergehen, entgegen stellt. Auch der Astrophysiker Stephen Hawking (Brief Answers to the big Questions, E-Book, Kindle, Pos 769 ff.) kann aus seiner Sicht erklären, warum das einzelne Lebewesen aus seiner Ego-Perspektive heraus nicht mit dem großen Verfall in die Entropie einverstanden sein kann.

Einfach gesagt, physikalisch strebt alles dem Wärmetod entgegen und dieser Prozess ist unumkehrbar (2. Hauptsatz der Thermodynamik) Das einzelne Leben aber - so Hawking - ist ein System, das in sich selbst besteht. Es stellt sich der großen physikalischen Tendenz entgegen. Es muss versuchen, kraft des Systems seiner eigenen Lebendigkeit, Wärmepotenzen (Nahrungskalorien) aufzunehmen und sich konträr zum allgemeinen Wärmetod zu behaupten, indem es seine eigene Ordnung aufrecht erhält.

Philosophisch gesagt, das Leben versucht mit all seiner Kraft den Tod zu negieren, ihn in die Nichtexistenz zu treiben. Auch von der Physik her wird also nachvollziehbar, dass unser Vitaltrieb so grundlegend und mächtig ist. Er fesselt uns an das Leben.

Wer den Freitod sucht, muss ein Entfesselungskünstler werden.

In der griechischen Mythologie aber galt es als eine schwere Strafe, nicht sterben zu dürfen. Ein Fluch der Götter, wie er den Titanen-Menschen Prometheus und den Tantalos traf. Der Tantolos-Mythos spiegelt unsere nie wirklich zur Erfüllung kommende Gier nach Leben wider und Tantolosqualen zu erleiden, lässt uns auch heute noch schaudern.

Für den antiken Helden aber wie für den japanischen Samurai war ein ehrenvoller Tod weitaus wichtiger als etwa ein ehrloses Leben. Diesen überkommenen Ehrbegriff haben wir in unseren demokratischen Gesellschaften bekanntlich in den Begriff der unantastbaren Würde transformiert. Ehrenvolles Sterben ist nicht mehr angesagt. Gibt es bei uns dafür deshalb jetzt ein Sterben in einer unangetasteten Würde?

Auf die Antike folgte bekanntlich der Einbruch des Christentums mit seiner Umwertung vieler Werte. Das frühe Christentum, wie auch der biblische Text, standen dem Suizid allerdings zunächst eher gleichgültig und neutral gegenüber. Hinzu kam ja auch die Bewunderung für den Opfertod. Wie im Islam gibt es auch im Christentum eine breite Strömung, die den Märtyrertod, den gottgewollten, vorbehaltlos bejaht, ja verehrt. Ob Jesus, der ja wie Sokrates auch, durchaus die Möglichkeit hatte zu fliehen, Suizid beging oder nicht, sei dahingestellt.

Der Umschwung in die Suizid-Verdammung kam erst mit Augustinus um das Jahr 400. Realgeschichtlich hatte die Kirche in einer stark dezimierten Bevölkerung (Völkerwanderung, Epidemien etc.) mit zu vielen zu tun, die in ihrer Not den direkten Sprung ins Himmelreich suchten.

Der aggressive Kampf der Kirche gegen alles Heidnische und ihre Etablierung als Ordnungsmacht mit einer sich ausweitenden Einflussnahme auch auf die weltlich-politische Ebene haben dann den Suizid zu einem ehrlosen Verbrechen gemacht. Aus einer ehrenhaften Selbsttötung wurde ein krimineller Akt. Der Ausdruck „Selbstmord“ kam dabei übrigens erst recht spät auf; Martin Luther war es, der ihn in Umlauf brachte.

Die jeweilige Einstellung zum Suizid wird also bestimmt von der realgeschichtlichen Basis sowie den soziokulturellen Wertvorstellungen als deren Überbau, was wenig überrascht. Beides unterliegt indes handgreiflich dem geschichtlichen Wandel, wie er sich mal langsamer, mal schneller vollzieht. In Großbritannien wurde der Suizid erst 1961 entkriminalisiert.

Die lange Periode der kirchlichen Bevormundung, deren Verdammung des Suizids als eine schwere Sünde, sowie seine Kriminalisierung zeitigte also Folgen, wie sie ihre mentale Wirkung bis heute entfalten. Während, wie gesagt, in der Antike der Suizid eine ehrenhafte, heroische Tat war, ist er bei uns heute behaftet mit Scham.

"Heute ist der Suizid keine Sünde mehr und kein Verbrechen, aber er ist eine Krankheit. Er ist pathologisiert worden. ... Man schweigt darüber und schämt sich.“ (Macho in einem Interview in der NZZ vom 10. 12. 2017) Auch der Alterssuizid gilt bei uns als unangemessen, unschicklich und irrational, und wer möchte schon außerhalb der Konventionen stehen.

Natürlich kommen hierbei auch wieder realgeschichtliche Basisfaktoren ins Spiel. Sie machen die umgreifende Pathologisierung des Suizids erst erklärlich. Zunächst einmal ist da die Wissenschaft und ihre Eigendynamik zu sehen. Für sie sind die Suizide Ereignisse, bei denen dann die Bearbeitung der Daten- und Faktenlage zunächst einmal ganz im Vordergrund steht und zu bearbeiten ist.

In der zweiten Hälfte des 20. Jahrhunderts wurde die Suizidologie zu einer eigenständigen, etablierten Wissenschaft ausgebildet. Ihr erklärtes Ziel: Erforschung des Phänomens ‚Selbstmord' mit dem erklärten Ziel der Suizidprävention.

Dass die Selbsttötung auf eine psychische Störung zurückzuführen ist, war allerdings bis fast in die Hälfte des 19. Jahrhunderts hinein eine schlicht unbekannte Sichtweise. Erst 1838 hat ein französischer Arzt dann den Suizid so interpretiert. Eine, wenn man an die zahlreichen Duelle denkt, die es im 19. Jh. noch gab, durchaus ungewöhnliche Sichtweise. Der Blick auf den Suizid als einer Krankheit verdichtete sich indes immer mehr. Wissenschaft kann nur Erfolg haben, wenn sie die Phänomene auf das Zugängliche reduziert.

Und als eine Krankheit kann der Suizid ja wissenschaftlich hinlänglich gut bearbeitet werden. Schon Galilei hatte empfohlen, den „Rest", also das, was sich dem wissenschaftlichen Zugriff offenkundig entzieht, zunächst erst einmal einfach wegzulassen.

Neben den pathologischen Formen, die gewiss die zahlreichsten sind, gibt es aber doch den Suizid aus einer durchaus rationalen Verzweiflung heraus, z. B. bei einer terminalen körperlichen Krankheit, und es gibt den reiflich überlegten Freitod, den Bilanztod nach einem erfüllten Leben und die Lebenssattheit als Kriterium.

Diese anderen ‚Selbstmordgründe gehören zu dem „Rest", den unbeachtet zu lassen, das wissenschaftliche Selbstverständnis nicht sonderlich stört. Mit einem gewissen Tunnelblick wird im wissenschaftlichen Mainstream somit der Suizid als eine psychische Krankheit betrachtet. „Alle möglichen Suizide werden in den Topf der Depression geworfen. In dieser Optik bringt der freiwillige Tod nur Versager hervor." (Macho ebenda)

Bereits Émile Durkheim stützte sich 1897 naheliegender weise auf das für eine wissenschaftlich-soziologische Untersuchung zugängliche Datenmaterial .Und das waren die Protokolle von Ärzten und die Berichte aus den Psychiatrien. „Von den anderen (Suiziden) wissen wir fast nichts." (Durkheim) So ist es bis heute geblieben. Der Wissenschaftsbetrieb fühlt sich dort am wohlsten, wo er sich auf leicht zugängliche Daten und Fakten stützen kann.

„Kurzum Suizide sind schlecht: Sie gelten zwar nicht mehr als die schwere Sünde oder Verbrechen, aber doch als irrationale, pathologische Handlungen." (Macho, Das Leben nehmen, S. 12) Thomas Macho sieht in der Pathologisierung des

Suizids auch eine spezifische Moralisierung desselben, die es zu durchbrechen gilt. Dir und mir bleibt indes vorläufig nur, mit einem Umfeld zu leben, das uns diese spezifische Moralisierung in aller Regel entgegen bringt.

Wo das Damoklesschwert der Sündhaftigkeit mit einer schweren Strafandrohung im Jenseits über dir schwebt, hast du keine Chance auf eine freie Willensentscheidung. Heute hast du gleichwohl das Recht, aus eigenem Entschluss zu sterben - de jure. De facto giltst du als krank und musst behandelt werden. Kein ‚Selbstmord' gilt heute noch als ehrenhaft und heroisch, wer ihn begeht ist ein Versager, er/sie war zu schwach im Leben zu bestehen.

Während also in der Antike der Suizident als ein Held da stand, weil er mit seinem selbstbestimmten heroischen Ableben seine Ehre bewahrt hatte, musst du dich mit deinem Suizidvorhaben heutzutage darauf einrichten, ein krankes Würmchen zu sein. Schlimmstenfalls, nach einem gescheiterten Versuch, und bei „fortdauernder Selbstgefährdung" droht die Psychiatrie.

Natürlich ist die auch staatlich geförderte Suizidprävention nötig und berechtigt, natürlich gibt es die vielen pathologischen Fälle und natürlich finden auch viele wieder zurück ins Leben. Aber es dominiert eben das pars-pro-toto Denken. Es gibt eine erkleckliche Zahl möglicher Suizidmotive. Sie verschwindet aber hinter dem Etikett „pathologisch". So hat es freie Tod, der ‚wohlerwogene' Philosophentod, schwer sich zu rechtfertigen.

Noch ein wenig von Thomas Macho gefällig? „ Wir begegnen dem Suizidenten immer nur mit Mitleid und Vorwurf. ... In dieser Optik bringt der freiwillige Tod nur Versager hervor: der Suizident hat im Leben versagt, und die Angehörigen und Freunde haben versagt. ... Wir haben den lachenden Tod vergessen (aus dem NZZ-Interview).

Nachdem nun die Kirche das Verständnis der Antike vom Suizid umgewandelt hatte, stehen wir heute vor einer allerdings recht langsam voran kommenden Überwindung der kirchlichen Bevormundung mit ihrem Dogma vom absoluten „Lebensschutz". Weitgehend beschränkt ist diese kritische Distanz noch auf die Literaten- und Intellektuellenkreise. Immerhin verlautet, wie bereits angeführt, aber auch aus dem Bundesverfassungsgericht, die Selbsttötung müsse als ein Menschenrecht anerkannt werden. (Vgl. auch Leitfrage 8) Überdies nimmt die allgemeine Nachdenklichkeit über die Selbsttötung zu.

Sei also guten Mutes. Du und ich, wir werden mehr werden. Denn was gilt als richtig, was ist Wahrheit? (Siehe dazu den Aufsatz im ersten Beitrag zu dieser

Leitfrage 3) In einer pluralistischen Gesellschaft wie der unsrigen kann doch „Wahrheit“ nur das Resultat eines voranschreitenden, allgemeinen Vereinbarungsprozesses sein.

Und solche Prozesse verlaufen zäh. Sollten jedoch die realen Basisfaktoren sich dramatisch verändern, z. B. in der Weise, dass die künstliche Lebensverlängerung für die Gesellschaft untragbar wird und auch die unmittelbaren Angehörigen umschwenken, was durchaus eine mögliche Perspektive ist, wird es in größeren Schüben voran gehen. Ich finde es gut, bei denen zu sein, die antizipieren können.

„Selbsttötung? - Betroffenheit - Betriebsunfall im Tabutempel.“ (Raymond Walden) So ist es heute. Und morgen? Zumindest die Stigmatisierung des Alterssuizids, Macho fordert hier ein „Aufbrechen“, wird von der ‚Gegenseite‘ immer weniger aufrecht zu halten sein.

3.3 Und die Bibel hat doch recht

Die Kirche tut sich schwer, den Suizid mit dem Verweis auf das 5. Gebot zu verurteilen. Das Gebot, „Du sollst nicht töten“, hatte keinen Bezug zur Selbsttötung. „Die Überlieferer des 5. Gebotes wollten vor 2700 Jahren das friedliche Zusammenleben der Nomadenstämme in Israel, das ‚gentile Grenzrecht‘, erhalten und regeln. Deshalb benutzten sie das hebräische Wort „Raderach“, was ungesetzliches, heimtückisches Morden aus niederer Gesinnung bezeichnete, und nicht die Worte „harag“ oder „mut“, was erlaubtes Töten z. B. von Tieren, im Krieg oder aus Notwehr ausdrückte.“ (Der Theologe Prof. Dr. Reinhold Mokrosch in einer Veröffentlichung der Evangelisch lutherischen Landeskirche Hannovers vom 17. 10. 2013).

Mit einem Verweis auf das 5. Gebot Gottes, das fortlaufend herangezogen wird, ist hier also im Grunde kein glaubensfester Blumenstrauß zu gewinnen.

Bleibt nur der Hinweis auf die Kirchenautoritäten, vor allem Augustinus und Thomas von Aquin; außerdem noch die vage Rede, die Selbsttötung widerspräche dem „Friedens- Schöpfungs- und Liebeswillen Gottes.“ (Mrakosch ebenda)

Reinhold Mokrosch will immerhin zulassen, dass eine Selbsttötung berechtigt ist, wenn damit einer Fremdtötung zuvor gekommen wird. Eine Denkfigur, die im AT auch gegeben war und die in der Antike ganz allgemein eine große Bedeutung innehatte - die Selbsttötung zur Wahrung der eigenen Ehre.

Mokrosch führt als dem entsprechenden Bejahern aus unserer Zeit Bonhoeffer, Remarque und Jochen Klepper an. Die Grenze zum ja auch kirchlich erlaubten Märtyrertod ist da allerdings sicherlich fließend.

3.4 Die Bannkraft des Mythos

Religionen beruhen auf großen mythischen Erzählungen. Mag sein, dass du vieles, vielleicht sogar alles an unserem Christentum kindisch findest. Als rationaler Mensch fühlt man sich darüber leicht erhaben.

Aber zu glauben, du seist schlicht ein nüchterner, realistischer, an der rationalen Vernunft orientierter Mensch, der den ganzen Mythenkram hinter sich gelassen habe, ist ein allzu flotter Glaube. Mythen haben eine ungeahnte Kraft, sie scheren sich wenig um dein Denken, besetzen stattdessen deine Gefühle und deinen Willen.

Wenn du also leicht arrogant meinst, du könntest dich über die religiösen Argumente zum „sündhaften" Suizid allenfalls ein wenig empören und hättest es im Übrigen gar nicht nötig, sich mit ihnen auseinanderzusetzen, bleibst du zu sehr an der Oberfläche.

Ja, es gibt gute Gründe dafür, dass Menschen auch heute noch entschieden ihre Abhängigkeit von Gott, von ihrer Religion und von ihrer Kirche bejahen. Sie vertrauen. Aus diesem Vertrauen können sie eine große Kraft schöpfen. Das gilt es zu verstehen und zu achten.

Auch ist es ja möglich, seine Freitodabsicht mit seinem christlichen Glauben zu vereinbaren, wenngleich es hierfür bisher nur vereinzelte Stimmen gibt. Zwei Beispiele: Hans Küng, zus. mit Walter Jens, Menschenwürdig sterben, 2009 und Frank Hellmann, Lebensintensiv, gesund und tot, in der DGHS-Zeitschrift, Humanes Leben Humanes Sterben, 2019-4.

Wir können und sollten nicht versuchen, unser mythologisches Gepäck einfach nicht zu beachten. Die Mythen umgeben uns ringsum. Sie leben in unseren Gefühlen, oft unbewusst. (Siehe auch den separat aufgelisteten Aufsatz, Soll der Mensch in Furcht und Hoffnung leben?) Die geheimen Verführer der Werbeindustrie arbeiten zum Beispiel natürlich mit Mythen.

Ohne das Hervorbringen von Mythen hätte der homo sapiens seine Dominanz gegenüber alle anderen Konkurrenten nie erreichen können. Seine Mythenbildungen wurden für ihn zu einem großen Vorteil gegenüber allen anderen Lebewesen. Deren Sprachvermögen blieb beschränkt. Sie fanden keine

Worte für fiktionale Vorstellungen, für die großen Erzählungen, wie sie Gefühle thematisieren. Es fehlten die Metaphern.

Y.N. Harari, dessen Buch, Sapiens, eine kurze Geschichte der Menschheit, 2018, diese Fähigkeit zur Mythenbildung in den Zusammenhang mit einer „kognitiven Revolution“ stellt, schreibt lang und breit über den großen Vorteil der Mythenbildung. Der entscheidende Vorteil: Erst die Mythenbildung führt zu dem Aufbau größerer Gruppen, sicherte deren Zusammenhalt und ermöglicht eine umfängliche Kooperation.

Die Bildung von Mythen kann als ein großer geistiger Schritt verstanden werden, mit dem der Mensch begann, seine Naturabhängigkeit zu verringern. Solange die Hordenbildung, wie bei den Tieren und den anderen Frühmenschen mehr oder minder allein auf Blutsbanden beruhte, blieb alles sehr limitiert.

Den deutlich robusteren Neandertalern fehlten offenbar die großen Erzählungen, die Deutung des Unerklärlichen der Natur und der über die bloße Familienbindung hinaus bestehende gemeinsame Glaube. Wo dieser gemeinsame Glaube an ein „Höheres“, an ein großes Allgemeines, an ein Metaphysisches nicht gegeben war, blieb nur die Gefangenschaft in der genetischen Basis ohne nennenswerte Entwicklungssprünge.

Dass der Mythos, konkreter der christliche Glaube, es ist, der uns aus der Gefangenschaft an diese irdische Welt befreit, wird ja auch heute noch intensiv vorgebracht. (Siehe den genannten Aufsatz zu Furcht und Hoffnung.)

Größere, heute ja riesengroße Korporationen treiben aufgrund ihrer Möglichkeiten zu einer immer differenzierter werdenden Arbeitsteilung ihre Produktivität voran. Die Bildung eines Gefühls der Zugehörigkeit wird möglich, ohne dass man sich persönlich kennt. Die Folge: zunächst langsam, dann immer rasanter können sich die Produktivkräfte insgesamt entwickeln. Deren geschichtliche Bedeutung lässt sich immer noch am besten bei Karl Marx nachlesen.

Die Bannkraft des Mythos, die umfangreiche Welt unserer fiktiven Vorstellungen und Gläubigkeiten, jenseits alles sinnlich und naturhaft Gegebenen, aber auch der Vorteil, dass Menschen ihre Mythen wechseln können und neue hervorbringen, führte ab 70.000 v. Chr. zu dieser Dynamik.

Mythen werden oft wie selbstverständlich von uns aufgenommen, halbbewusst, auch heute noch. Zum Beispiel der Mythos vom Nationalstaat, der Glaube an die allumfassende Lösungskompetenz der Technik, die Marktgläubigkeit, die heimliche Bewunderung von Mercedes Benz usw. usw. Alle großen Firmen, gerade auch die Multiplayer, scheuen keine Kosten, ihren Firmenmythos zu pflegen.

Das Mythische hat also auch im heutigen Leben noch eine große Bedeutung und sicherlich auch eine gewisse Berechtigung. Aber du hast auch die Berechtigung, dich vom Mythos zu distanzieren, eben auch gerade in der Frage nach dem Tod.

Aber, wie gesagt, Mythen haben es auch an sich, mit Bezug auf das „Übersinnliche“ sich auch da in das Unnatürliche hineinzusteigern, wo dies gar nicht nötig und berechtigt ist. Ein etwas extremes Beispiel ist das Zölibat in der katholischen Kirche. Eine geistige und politische Führungselite verzichtet hier, völlig unnatürlich, auf ihre eigene Fortpflanzung.

Das Beispiel des Zölibats zeigt sehr drastisch, dass wir zwei Dinge unterscheiden müssen, nämlich den Mythos als solchen und die auf ihn folgende Lehre. Über 1000 Jahre Christentum waren bereits vergangen, ehe in der lateinischen Teilkirche innerhalb der katholischen Kirche das Zölibat verpflichtend eingeführt wurde, eine Festlegung getroffen von den damals lebenden Menschen.

Unsere heutige, zaghaft geführte Diskussion um dieses Zölibat zeigt, wie schwer es offenbar ist, eine klerikale Lehre zu revidieren, auch wenn sie deutlich nicht mehr zeitgemäß ist. Die Lehre vermag den Mythos zu einem Beton werden zu lassen.

Ich zitieren den Theologen Bernhard Lang, Emeritus der Universität Paderborn: „Lehren und mythologischen Erzählungen kommt unterschiedliches Gewicht zu. Volkstümlich und vage, erhebt der Mythos keinen Anspruch auf absolute Gültigkeit. Erst in fortgeschrittener Religionsentwicklung wird der Unterschied zwischen wahr und falsch eingeführt. Dann fordert die formulierte Lehre, das Dogma, den Glauben an ihre unumstößliche Wahrheit, so im Christentum und Islam.“ Die Auslegung und Fixierung des Mythos durch die Lehre markiere „einen epochalen Einschnitt in der Religionsgeschichte.“

In einer drastischen Weise unnatürlich ist auch die klerikale Einstellung zum Tod. Der Mythos, genauer seine klerikale Auslegung, hat im Christentum den Tod seiner Natürlichkeit beraubt.

Der Tod ist weder gut, noch böse, und er beurteilt dein Leben auch nicht. Er ist kein Übel und kein Segen, er ist schlicht etwas Neutrales, indifferent und als solcher auch belanglos. Seneca hat dies unermüdlich betont und Montaigne 500

Jahre später ebenso. Der Tod führt zu einer Gerechtigkeit des Gleichmachens. Der Fromme und der Sünder, im Tod sind dann wieder beide gleich.

Kurzum: Wir werden die Mythen achten, da, wo sie eben dazu gehören und auch hilfreich sind. Aber besonders in der Frage nach unserem eigenen Tod werden wir uns vom christlichen Mythos und seiner dogmatischen Verfestigung durch Lehre nicht manipulieren lassen. Wir werden die klerikal-autoritären Aussagen hierzu analysieren, um davon Distanz zu gewinnen.

3.5 Der kleinkarierte Hass des großen Immanuel Kant

Die ‚Aufklärer' des 18. Jahrhunderts propagierten bekanntlich, man solle nicht länger naiv glauben, sondern den „Mut haben, sich seines eigenen Verstandes zu bedienen" (Kant). Dieser Mut fehlte allerdings dem großen Denker in der Freitodfrage vollkommen. Kant blieb hier erschreckend theologiehörig und dem Zeitgeist verhaftet.

Es war ein Zeitgeist, für den der ‚Selbstmord' als ein besonders schlimmes Verbrechen galt. Allein David Hume (1711 - 1776) brachte damals den Mut auf, der Verteufelung der ‚Selbstmörder' zu widersprechen. Die Selbsttötung sei kein Verbrechen, sondern ein Freiheitsrecht des Menschen. Wer dies nicht so sehen wolle oder könne, ist nach Hume gefangen in einem Aberglauben. (Siehe näher Leitfrage 6)

Ich folge im Weiteren dem sorgfältig belegten Aufsatz von Otto-Peter Obermeier, Der Tod beißt nicht, erschienen in: der blaue Reiter, Journal für Philosophie, Ausg. 44 (2/2019). Dort finden sich auch die Angaben zu den angeführten Zitaten.

Obermeier wirft ein bezeichnendes Licht auf die Diskrepanz zwischen einem Verstandesdenken, das sich als unbedingt ‚vernünftig' versteht, einerseits, und einer Emotionalität andererseits, die nicht hinterfragt wird. So kann der weiter vorherrschende Mythos, der ja an die Gefühle gerichtet ist, (s. Leitfrage 4) , weiter sein Zepter schwingen.

In einer besonders drastischen Ausprägung findet sich der verquere Zeitgeist von damals bei dem hoch angesehenen Schulphilosophen Christian Wolff, der der führende Aufklärer in der ersten Hälfte des 18. Jahrhunderts war. Immanuel Kant war von Wolff begeistert und bezeichnete ihn in seiner Hommage als den „Urheber des Geistes der Gründlichkeit in Deutschland".

Christian Wolff nun schrieb 1736 ein Werk mit dem anmaßenden Titel, „Vernünftige Gedanken von dem gesellschaftlichen Leben der Menschen und insonderheit dem gemeinen Wesen zu Beförderung der Glückseligkeit des menschlichen Geschlechts. Den Liebhabern der Wahrheit mitgetheilet". In diesem Buch lobt Wolff dann eben auch den herrschenden Brauch, die „Selbstmörder" so zu strafen, dass man „den toten Leichnam durch den Schinder als wie ein Aas auf den Schind-Anger" schleppt, ihnen also ein normales Begräbnis zu verweigern hat.

Darüber hinaus war es damals auch geltendes Recht, das Vermögen des ‚Delinquenten' einzuziehen, um so auch seine Familie zu bestrafen. Dem guten Herrn Wolff genügten allerdings diese Bestrafungen noch nicht. Man solle doch bitteschön den Selbstmörder noch zusätzlich „auf das Rad flechten", d. h. ihm sämtliche Knochen brechen. Im Stil der Zeit heißt es dann dazu: „Allein ich (Wolff) rede jetzt als ein Weltweiser von dem, was mit Vernunft geschehen kann und soll."

Immanuel Kant, dessen philosophische Verdienste besonders in Fragen der Erkenntnistheorie nicht in Frage stehen, sieht sich nun bemüßigt, der grenzenlosen Vernunft seines Philosophie-Kollegen Wolff noch dahingehend aufzuhelfen, dass er dessen Verurteilung der Selbstmörder mit einer typisch kantianischen Begrifflichkeit bespringt. Kant konstruierte den Menschen in einer durchaus traditionellen Weise als eine „Person" und von dieser abstrahierenden Begrifflichkeit aus lässt sich prächtig deduzieren.

Von einer menschlichen ‚Person' als einer Rechtsfigur zu reden, ist ja gängig und macht sicherlich auch Sinn. Aber dies ist eben nur eine Ebene des Menschseins. Um die abstrahierenden Vernünfteleien der Aufklärer nachzuvollziehen, ist es wichtig, deren abgehobenen Begriffsrationalismus zu durchschauen.

Warum darf nun nach Kant die ‚Person' sich nicht selbst töten? Otto-Peter Obermeier führt hierzu eine Reihe von längeren Kant-Zitaten an, die dann wie zu erwarten als solche allerdings recht gestelzt sind. Der grundlegende Gedankengang ist aber letztlich einfach der folgende:

a) Kant verweist auf ein natürliches „Lebensgesetz", wie es sich in der Pflanzen- und Tierwelt zeige. Der Begriff ‚Gesetz' ist ihm dabei zentral wichtig. Alles kämpfe in der Natur darum, diesem Lebensgesetz zu folgen. Kant rekurriert also auf den Trieb zu Selbsterhaltung. Kein Lebewesen will von sich aus den Tod zulassen, außer eben der verbrecherische Selbstmörder. „Es erweckt also der

Selbstmord ein Grausen, indem der Mensch sich dadurch unter das Vieh setzt. Wir (Kant) sehen einen Selbstmörder als ein Aas an."

Im Suizid ein besonderes Freiheitsrecht des Menschen zu sehen, das ihn von den anderen Lebewesen unterscheidet, kann Kant nicht zulassen. Ebenso wenig kommt es ihm in den Sinn, das Wechselspiel zwischen Leben und Sterben in den Blick zu nehmen. Nur das Leben zählt als „Gesetz"; der Tod ist der Antipode, das "große Übel".

Der Selbstmörder steht also mit seiner Tat unter dem Tier, daher der vom Kollegen Wolff übernommene Ausdruck, der Leichnam eines Selbstmörders sei als Aas zu traktieren. Wer Kant im Original liest, wer sich diese Lektüre zumutet, wir öfters darüber staunen, wie häufig der große Rationalist „die Natur" einfach zum Beweis nimmt.

b) Der zweite Argumentationsgang baut, wie zu erwarten auf dem Begriff der „Person" auf. Die ‚Person' habe nur das Recht und zugleich die Pflicht, für die Erhaltung ihres Körpers zu sorgen, nicht aber über sich selbst und ihren Körper „zu disponieren". Der Eigentümer der menschlichen Person ist allein Gott. Der „theologiehörige" Kant (so Obermeier) bleibt hier ganz in den Bahnen der religiösen Vorgaben.

Wenn nun also der ‚Selbstmörder' über sich und sein Leben selbst bestimmt, wenn er also über seine gottgegeben ‚Person' disponiert, dann ist dies nach Kant der „obersten Pflicht gegen sich selbst zu wider, denn dadurch wird die Bedingung aller übrigen Pflichten aufgehoben." Größer geht's nicht. Der ‚Selbstmörder' begeht nicht nur eine singuläre Sünde, die Gott ihm vielleicht gnädig verzeiht, nein, er greift das ‚Sittengesetz' und damit die göttliche Weltordnung ganz grundlegend an.

Kants ‚Sittengesetz' und seine deontologische Ethik, das Konstatieren unverrückbarer Pflichten, müssten näher diskutiert werden, was ausgespart bleiben muss. Es genügt festzuhalten, der Selbstmörder verstößt nach Kant gegen unsere nicht hintergehbare Pflicht zum Leben, er hat auszuharren bis zum bitteren Ende.

Das hohe Lied von den auferlegten Pflichten führt dann eben auch in das traditionelle „Wächterargument". Gott hat dich hier in deinem Leben auf einen Wachposten gestellt, und nur Gott allein kann dich davon auch wieder abberufen. Der Selbstmörder aber „widerstreitet dem Zweck des Schöpfers ... als ein solcher, der seinen Posten verlassen hat. Er ist also als ein Rebell wider Gott anzusehen." (Kant)

Wir haben solange zu leben, „bis Gott uns den ausdrücklichen Befehl gibt, diese Welt zu verlassen. Die Menschen sind hier wie Schildwachen aufgestellt ..." (Kant) Der Aufklärer Kant, kennt in der Frage des mors voluntari nur die traditionellen Versatzstücke, als da sind:

- Der „unnatürliche Selbstmord" widerspricht der göttlichen Schöpfungsordnung.

- Der Selbstmörder vergreift sich an fremdem Eigentum (die „Person" gehört allein Gott) und setzt damit das geheiligte Sittengesetz als solches außer Kraft.

- Der Selbstmörder ist feige, pflichtvergessen und asozial; er harrt nicht auf seinem Wachposten aus, den Gott ihm angewiesen hat.

Es sind dies die Vorgaben einer fixierten Schriftreligion. Die vorchristliche Stoa fand zwar in der Sittlichkeit auch die Grundlage einer letztlichen Orientierung, indes in einem deutlich anderen Verständnis. Die Sittlichkeit war für die Stoiker eine übermenschliche, übergeordnete Größe, sie war aber nicht wie bei dem Spätrationalisten Kant rationalistisch fixiert als ein „Gesetz". Diese Sittlichkeit wurde zwar auch als der Vernunft entsprungen aufgefasst, indes das stoische Vernunftverständnis war eben doch ein anderes, als dasjenige Immanuel Kants.

So war es für den Stoiker Seneca eben auch so, dass der Fall eintreten kann, dass ein Mensch sich gerade deshalb zum mors voluntari entschließt, weil er sich der Sittlichkeit verpflichtet fühlt. „Das Grund- und Hauptkriterium bei der Entscheidungsfindung, die Sittlichkeit, ist gleichzeitig das höchste Motiv für den legitimen Freitod." (Sarah Stöcklin, Meditare mortem , Grin 2007.)

Wie das? Senecas Sittenbegriff ist bezogen auf die Tugendethik, er ist nicht prinzipienethisch ausgerichtet. Kant will ja in aller Rigorosität ein SittenGESETZ. Auch die Natur versteht er, ausgerichtet an Newton, ganz offenbar als eine gesetzlich fixierte Ordnung. Sittengesetz und Naturgesetz sieht er so in einer Entsprechung. „Alles ist Ordnung...." Konstatierte der Kant-Bewunderer G. Chr. Lichtenberg.

Senecas tugendethischer Sittenbegriff hingegen enthält viel deutlicher das Element des individuellen Abwägens, bleibt so offen für den Bodensatz unserer Gefühle. Zwar appelliert auch er, wie gesagt, an die ‚Vernunft'. Sein Verständnis von ‚Vernunft' ist indes viel weniger rational gedacht und als „Gesetz" nicht zu fixieren. Es bleibt offen und situativ.

Der Freitod kann so eben auch zu einem Ausdruck einer hohen Sittlichkeit werden. Wer zu dem Urteil kommt, sein Leben in Würde (in der Antike ging es jeweils um die Ehre) angemessen nicht mehr fortsetzen zu können, für den/die wird der mors voluntari nach Seneca zu einem Zeichen von Sittlichkeit und Vernunft.

Kants Vorstellungen würden uns nicht irritieren, wären wir nicht noch immer halbbewusst gebannt von der Autorität des Mythos (vgl. Leitfrage 4). Menschen mythologisieren fortwährend und unablässig. Kant stützt sich offenbar ja kaum auf das ‚Gesellschaftsargument' (vgl. Leitfrage 4), hält die aus dem Mythos bezogenen Vorgaben offenbar für weitaus bedeutsamer.

Mit dem Konstrukt einer Person, die aber selbst nicht ihr Eigentum ist, nicht selbstbestimmt sterben darf, sowie mit der Konstruktion eines sakrosankten Sittengesetzes meinte er, alles gesagt zu haben. Otto-Peter Obermeier urteilt, es handele sich neben der Hörigkeit gegenüber den klerikalen Vorgaben um eine „einfallslose und sterile" Systematik.

Kant versuchte auch zu psychologisieren. Seiner Analyse gemäß haben die Selbstmörder ein von Grund auf falsches Verständnis vom menschlichen Leben. Sie haben vor ihrer ruchlosen Tat ihr Leben hedonistisch als eine Vergnügungsveranstaltung aufgefasst, was nicht funktionieren konnte. Und nun nehmen sie sich aus Enttäuschung das Leben.

„Der Selbstmord findet sich gemeiniglich (allgemein) bey denen, die über die Glückseligkeit des Lebens gekünstelt haben (phantasiert haben). Denn hat jemand die Künsteley der Vergnügungen geschmeckt, und kann sie nicht immer besitzen, so versetzt er sich in Gram und Kummer und Schwermuth." (Kant)

Während Montaigne im 16. Jh. bereits frech schrieb, geradezu gottgleich seien jene, die ihr vorgegebenes Leben auf rechte Weise zu genießen wissen, schlägt hier wieder die orthodoxe Sicht eines Blaise Pascal durch. Du hast als Christenmensch dein Kreuz auf dich zu nehmen und im Leben leidend auszuharren.

Natürlich lässt sich auch eine solche Sicht mit dem Einsatz der rechten, der ‚vernünftigen' Begrifflichkeit begründen. Johann Gottfried Herder aber nannte Kants Philosophie eine „Philosophie der Andeutungen und Phrasen."

Zu einem wirklich unabhängigen Geist vermochte Kant nicht zu werden, er blieb zeitlebens obrigkeitshörig, Aufklärung hin oder her. Der Stolperstein ist auch hier die "Vernunft". Indem Kant in seiner Erkenntnistheorie die seit Boethius christlich-religiös mythologisierte Vernunft insoweit entzauberte, als er diese Vernunft erkenntnismäßig im Wesentlichen auf die Tätigkeit unseres Verstandes bezog, war er ein antiautoritärer Aufklärer. Gleichzeitig aber blieb er der ausgestalteten Lehre vom christlichen Mythos eben auch verhaftet.

Geradezu rührend ist der folgende Satz von ihm: "Es muss ein Jenseits geben, auch wenn wir darüber nichts in Erfahrung bringen können." Furore machte bekanntlich Kants Kritik an den überkommenen Gottesbeweisen, aber er wollte damit Gott keineswegs wegbeweisen. Sein eigener Gottesbeweis ähnelt der angeführten Aussage zum Jenseits. Als einen "moralisch-gesetzgebenden Urheber" müsse es Gott geben, weil ... , hieß es dann später, wir eine 'regulative Idee' schlechthin brauchen.

Dass Ethik und Moral unerlässlich sind, ist ja ohne Frage. Das Problem sind die Festschreibungen. Wie das Beispiel von den Selbstmördern auf dem Schindacker zeigt, entfernen sich diese Fixierungen über kurz oder lang vom Wandel des Zeitgeistes, und ärgerlich reaktionäre Positionen können uns dann anhaltenden Kummer bereiten.

Die demokratische Werthaltung, dem einzelnen Individuum, wie auch dessen Status als einer Rechtsperson eine unantastbare, eine nicht hintergehbare Würde und Selbstbestimmung zuzumessen, war noch nicht wirklich geboren.

Noch einmal Kant: „Das Subjekt der Sittlichkeit in seiner eigenen Person zu nichten (also Suizid zu begehen) ist ebenso viel, als die Sittlichkeit selbst ihrer Existenz nach … aus der Welt zu vertilgen.“ Der Selbstmörder trifft also eine Entscheidung von allerhöchster Tragweite. Seine Tat führt dazu, das „Sittengesetz“ zu nichten.

Otto-Peter Obermeier weist zu Recht darauf hin, dass sowohl die kirchliche, wie auch die weltliche Obrigkeit damals wild entschlossen waren, die Selbsttötung zu verteufeln. Dieser Hass und diese Vergeltungssucht blieben im damaligen Bildungsbürgertum bestimmend und sie haben natürlich historische Wurzeln.

Bei dem Kirchenvater Augustinus (er lebte vor rund 1600 Jahren) sind sie zu suchen. Augustinus sah seine Mission darin, den Herrschaftsanspruch der katholischen Kirche mit aller Macht durchzusetzen. Er hatte dabei gewichtige Gegner auch innerhalb des Christentums, z. B. die Donatisten. Sie distanzierten sich und wollten einige der kirchlichen Regeln nicht befolgen, drohten sogar mit einem Massenselbstmord. Die Kirche hatte es nicht leicht, auch nicht bei der Durchsetzung ihres Verbots der Selbsttötung, wie sie von der Antike her ja auch als eine heroische Tat gelten konnte.

Fazit: Die wort- und begriffsreiche Verdammung des mors voluntari bei Wolff, Kant und vielen anderen Geistern dieser Zeit zeugt nicht nur von einer Intoleranz aufgrund des fehlenden Orientierungswissens, sie zeigt auch Unsicherheit, Hass, Angst und Vergeltungssucht. Gefühle zu bedenken und abzuwägen, wurde damals weitgehend unterlassen, die Hochphilosophen wollten vor allem große Denker in der Nachfolge ihrer großen Vorbilder sein. Hinzu kamen der Vernunftmythos und die Orientierung an der obrigkeitlichen Autorität.

Der Bildungsbürger damaliger Zeit war deutlich davon entfernt, ein Demokrat und Freigeist zu sein. Er blieb vom kirchlichen Mythos gebannt und befleißigte sich in einem rationalen System- und Ordnungsdenken um einen geschlossenen Weltentwurf, wie er damals so auch „vernünftig" war. Menschen, die in einem solchen Korsett stecken, lassen sich auch heute noch in großer Zahl finden.

3.6 Wann wird es beim Sterben eine Autonomie geben?

Friedrich Nietzsche war sich wohl bewusst, dass seine Predigt „Vom freien Tod" unzeitgemäß war. „Noch erlernten die Menschen nicht, wie man die schönsten Feste feiert."

Aber es ist ein Kulturwandel im Gange, wenn auch erst seit 20 - 30 Jahren. Thomas Macho hat ihn fundiert herausgearbeitet; das Thema, selbstbestimmt sterben, wird uns nicht mehr verlassen.

Als ein früher Gegner jener Auffassung, die Kirche, der Staat und die Standesorganisation der Ärzte hätten ein heiliges Recht, jedwede Form des Suizids zu untersagen, kann der amerikanische Rechtsphilosoph Ronald Dworkin gelten. Bereits 1993 veröffentlichte er eine Schrift zu dieser Frage.

Eines der Hauptargumente Dworkins lautet, wir würden einem Missverständnis aufsitzen, wenn wir davon ausgehen, man müsse einen Schwerkranken auf jeden Fall und mit allen Mitteln, die uns zur Verfügung stehen, lebensverlängernd „bearbeiten". Man könne doch ebenso die andere Perspektive einnehmen, dass wir ihm mit diesen Maßnahmen, wenn sie eben doch im Grunde gegen seinen

Willen sind und intensiver und intensiver erfolgen, Schaden zufügen, also seelisch und körperlich übergriffig werden.

„Wenn wir verstehen, warum und in welcher Weise es Menschen wichtig ist, wie und wann sie sterben, erkennen wir, dass … (ein solcher Übergriff) … falsch und gefährlich ist. … Darauf zu bestehen, dass ein Mensch auf eine Art und Weise stirbt, die nach Meinung anderer (sic !) richtig ist, für ihn jedoch in einem gravierenden Widerspruch zu seinem Leben steht, ist eine Form menschenverachtender Tyrannei." (Dworkin)

1997 veröffentlichte Ronald Dworkin zusammen mit den bekannten Moralphilosophen, Thomas Nagel, Robert Nozick, John Rawls u. a einen offenen Brief, der drei Grundsätze enthält:

1. Jede kompetente Person hat das Recht, aufgrund grundlegender religiöser oder philosophisch Überzeugungen über das eigene Leben zu entscheiden.

2. Es kann sein, dass in einer spontanen Situation unter emotionalem Druck Entscheidungen im Widerspruch zu langfristigen Einstellungen stehen. Es kann daher gerechtfertigt werden, dass der Staat Bürger gegen sich selbst vor einem spontanen Selbstmord schützt.

3. Daraus folgt nicht, dass ein Sterbenskranker zu einer Verlängerung seines Lebens gezwungen werden sollte.

Siehe dazu Dworkin in der Wikipedia. Dworkins Buch hat den Titel An Argument about Abortion, Euthanasia and Individual Freedom, dt. 1994. Die Zitate sind entnommen dem Auszug in, Gibt es einen guten Tode?, bei Reclam.

3.7 Das Gesellschaftsargument

Neben der theologisch-klerikalen Position zum Suizid und der Sterbehilfe sind es eben auch die säkularen Einwände gegen das selbstbestimmte Sterben, die es zu bedenken gilt. Die kirchliche Argumentation bezieht sich ja auf eine eher abgehobene, übermenschliche Ebene. Über allem stehe ein (tabuisierter) „Lebensschutz", wie ihn der außerweltliche Gott verfügt habe. Eine Verbindung zum Gesellschaftsargument gibt es allerdings insofern, als dieser ferne Gott uns in unsrem irdischen Leben auf einen „Wachposten" gestellt habe, auf dem wir in jedem Falle bis zu unserer Abberufung auszuhalten haben.

Die Rede vom Wachposten überschneidet sich mit dem Gesellschaftsargument. Letzteres verweist auf unsere Pflichten als Eingebundene in einen sozialen

Zusammenhang. Sich diesem Gesellschaftsauftrag, diesem Lebensauftrag durch einen selbst herbeigeführten Tod zu entziehen, sei ein schwerer Bruch mit dem Sittengesetz und unserer Gesellschaftsordnung. Das hört sich schwergewichtig an, und der konkrete Lebensbezug ist ja auch klar gegeben.

Beginnen wir mit einem typischen Zitat: „Würdevolles Sterben bedarf neben einer persönlichen Auseinandersetzung vor allem einer gesellschaftlichen Haltung." (Dr. Anja Schneider, stellvertr. Vors. Des Deutschen Hospiz- und Palliativverbandes.)

Unsere Würde wird hier verstanden nicht nur als ein Individualrecht und Schutz der Persönlichkeit (vgl. GG Art. 1), sondern als eine besondere „Haltung" der Gesellschaft gegenüber, in der wir leben. Mit „Haltung" kann nur eine charaktermäßige Tugendhaltung gemeint sein, wohl im Sinne der Hexis bei Aristoteles. Die Würde wird zu einem Tugendauftrag. Du hast deinen Platz in der Gesellschaft einzunehmen und in Würde durchzuhalten.

Würde wird hier also verstanden primär nicht in der Tradition der ehemals rebellischen Menschenrechtsbewegung, nicht im Sinne einer Emanzipation hin zu einem Selbst und seiner eigenständigen Bestimmung, sondern als eine tugendhafte Dienstbarkeit gegenüber der Gesellschaft unserer Mitmenschen bis hin zu dem am Ende unausweichlichen Tod. Neben den Würdebegriff als einem Persönlichkeits- und Schutzrecht tritt ein Würdebegriff als einem Kriterium für gute und richtiges Tun und Lassen.

Natürlich sollte ich bei allen meinen Handlungen darauf achten, Anstand und Würde zu bewahren. Zumindest bezogen auf die Familie ist dann beim Freitod eine abwägende Rücksichtnahme angebracht und lebensnah. Mit Anstand und Würde seine Pflichten der Dienstbarkeit zu tragen, darauf käme es an. Viele Todesanzeigen spiegeln dies in ihren Texten dies so ja auch wieder.

Wie weit aber kann dieser Tugendansatz gedehnt werden? Lässt sich das Tabu der Selbsttötung und die heutige künstliche Lebensverlängerung damit rechtfertigen? Blicken wir kurz auf die geschichtliche Herkunft dieser Denkweise.

In unserer steinzeitlichen Frühgeschichte war der Verlust eines Horden-Mitglieds oft sehr bitter. Andererseits wurden die Alten und Schwachen einfach zurück gelassen. Im Grunde ist die Lage heute noch genauso. Welche Alten sind noch von Nutzen, und welche sind nur noch eine Last? Heute können sich indes nur die unmittelbaren Angehörigen diese Frage stellen. Die ‚Gesellschaft' kann dies nicht mehr.

Diese unsere durchbürokratisierte Versorgungsgesellschaft von heute ist nicht mehr in der Lage, sich diese Frage vor Augen zu führen. Sie folgt ihrer anonymisierten Eigendynamik. Und der Versorgungsapparat und die in ihm Tätigen spulen schlicht das ab, was sie abspulen können.

Eine zweite historische Wurzel der Auffassung von der Verpflichtung des Einzelnen gegenüber der Gesellschaft, eine Verpflichtung, die jeden Gedanken an einen Freitod ausschließen würde, ist sicherlich in der alten Symbiose von Kirche und Staat zu suchen, wie sie sich im Mittelalter herausgebildet hat. Die Kirche erklärt den ‚Selbstmord' zu einer Sünde gegenüber Gott und dem uns von ihm erteilten Lebensauftrag; der Staat erklärt gleichgesinnt und dementsprechend einen solchen ‚Selbstmord' zu einem Verbrechen, das strafrechtlich zu ahnden ist. In England war dies so bis ins 20. Jahrhundert hinein. Der Selbstmörder, die Selbstmörderin, verging sich gleichermaßen gegen Kirche und Staat.

Letztlich bleiben wir immer in der Frage: wer darf über das einzelne Leben verfügen? Die Kirche, mit Gott im Rücken, betonte und betont ihr Verfügungsrecht, aber auch der Staat sah und sieht sich als Verfügender.

Der Staat gewährt und sichert, soweit möglich, das Leben seiner Staatsangehörigen, er hat aber auch das Verfügungsrecht über eine vorzeitige Lebensbeendigung, z. B. bei Kampfhandlungen. Die Kirche betont die Verpflichtung zu einer lebenslangen Dienstbarkeit mit dem Wachpostenargument, der Staat versteht sich als der Souverän in der Frage von Leben und Tod. Er soll zwar das Einzelleben schützen (vgl. GG Art.2 und Art. 6), darf es gegeben Falls aber auch in Anspruch nehmen und verwerten.

In einer Gesellschaft, die ganz ausgerichtet ist auf ein umfassendes Funktionieren, wie unsere heutige, kommt ein Weiteres hinzu. Für diese unsere homo-faber-Gesellschaft wird der Tod zu einem Betriebsunfall. Das Ausfallrisiko wird verarbeitet mit Hilfe eines imposanten Vorsorge- Reparaturbetriebs (Sozialkassen und Gesundheitsvorsorge, Kliniken, Ärzte und Psychiater). Der Tod ist kein Schicksalsschlag mehr, er ist für den Reparaturbetrieb eine Beleidigung.

Als Staats- und Betriebsangehörige dürfen wir zwar durchaus eine eigene Meinung und auch einige Sonderinteressen haben, in der Suizidfrage gelte aber die Selbstbestimmung nicht. Eine solche Sichtweise lässt sich bis hin zu Aristoteles zurückführen. Nach Aristoteles hat der Mensch, insofern er sich als eine eigenständige Person versteht, durchaus das Recht zu einem Suizid. Weil er aber keine isolierte Einzelperson ist, sondern ein gesellschaftlich gebundenes Wesen, hat er dieses Recht dann wiederum nicht. Seine gesellschaftliche Verpflichtung verbietet es, sich dem Gemeinwesen durch einen Selbstmord zu entziehen, sie stehe über der Freiheit des Einzelnen.

Immanuel Kant hat diese Denkweise noch weiter hochgeschraubt. Wer Selbstmord begeht, folgt allein seiner egoistischen Neigung. Über jeder unserer Neigungen steht nach Kant aber ganz normativ-grundsätzlich unsere allgemeine gesellschaftliche Pflicht. Dies sei zugleich auch eine Pflicht gegenüber uns selbst als einer gesellschaftlich gebundenen Person. Diese „Person", die der Mensch wesenhaft sei, könne nur eine verpflichtete Person sein.

So wird der Freitod dann zu einer „Verletzung seiner Pflicht gegen sich selbst." Man mag diese begriffsrationalistische Deontologie, diese Mischung aus einer Tugend- und einer Pflichtethik, bewundern oder auch nicht. Vgl. zu Kant auch Leitfrage 3.

Lebensnäher philosophierte David Hume, vgl. Leitfrage 5 und Leitfrage 3. Hume hielt wenig von nur kognitiven Prinzipien und dogmatischen Vorgaben. Er war ein Vorläufer des Pragmatismus und hatte seinen Blick vor allem und vorab auf unsere Gefühle gerichtet.

Die Verpflichtung auf ein unbedingtes Weiterleben Müssen empfand Hume als grausam. Das ganze „Gesellschaftsargument", bezogen auf die Suizid-Frage, hielt er für abwegig und realitätsfern.

Aber Ängste und Bedenken sind in uns stets vorhanden, und das Gesellschaftsargument kann diese durchaus verstärken. Zum Beispiel bei dem sehr angesehenen Gegenwartsphilosophen Robert Spaemann. Ihn sollten wir doch en passant aufgreifen, weil er so drastisch von solcherlei Ängsten besetzt ist.

Spaemann ängstigt vor allem das auch ansonsten viel beschworene „Dammbruchargument". Unsere Gesellschaft werde großen Schaden erleiden, wenn sie die Selbsttötung auch nur ansatzweise zulässt. Am Ende - so die Befürchtung - wird eine Lawine von Suiziden unsere Gesellschaft in ihren Grundfesten erschüttern.

Etwas vertrackt formuliert das Spaemann so: „Dass der Selbstmord moralisch geächtet bleibt, ist für die menschliche Gemeinschaft von größter Wichtigkeit. Denn wenn es eine sozial akzeptierte und institutionell ausgestattete Möglichkeit ist, wird es unmöglich sein zu verhindern, dass daraus eine Pflicht wird, von dieser Möglichkeit Gebrauch zu machen, um den anderen nicht zur Last zu fallen." (Siehe Spaemann in www.zeit.de/2015/07/Sterbehilfe)

Noch dräuender und prägnanter hatte es Ludwig Wittgenstein formuliert. „Wenn der Selbstmord erlaubt ist, ist alles erlaubt." Eine solche Drohung ist natürlich blanker Unsinn.

Robert Spaemann malt sich nun eine institutionalisierte Kette von „Totenhäusern" aus, in denen dann die Ärzte nur noch die eine Frage stellen: „Ist es ihr freier Wille, getötet zu werden?" Dies gilt ihm als eine Horrorvorstellung. Der moralische und der rechtliche (wieso?) Zusammenbruch der Gesellschaft ist dann nach Spaemann vollzogen. Für ihn fügt jeder mors voluntari dem Gemeinwesen einen irreversiblen Schaden zu.

Diese Betrachtungsweise lässt sich in einer allerdings auch umkehren, indem man die Befreiung von eben dieser Gesellschaft und ihren Lebenszwängen zu seinem obersten Ziel erklärt. Er/sie sucht dann den Abschied von diesem Zwangssystem, weil es ihm/ihr unerträglich wurde.

Jean Améry (s. u. a. www.spiegel.de) hat wortgewaltig diese existenzialistisch-heroische Position vertreten. Auch Seneca (vgl. Leitfrage 8) hatte ja betont, der/die Einzelne dürfe mit dem mors voluntari sich von einer ungerechten, ihn bedrückenden Gesellschaft befreien.

Améry: „Ich glaube eben auch, dass der Freitod als Akt der Befreiung unabhängig ist von Gesellschaftsformen. Ich kann mir keine Gesellschaftsform denken, die nicht Zwang im Sinne der Lebenslogik bedeuten würde. Was will denn der Suizidär? Er will nun einmal keine Ziele mehr haben, außer dem einen, dieser Bekräftigung des (seines) Freiheitsakts."

Gerade wer die beiden Bücher von Amèry hierzu liest (Über das Altern, Revolte und Resignation, sowie, Hand an sich legen, beide verlegt bei Klett-Cotta) sieht das Dammbruchargument schwinden. Freitod-Heroen wie Jean Améry mit ihren anarchistisch-existenzialistischen Motiven werden immer eine sehr, sehr kleine Minderheit bleiben. Es ist eben dann doch nicht so leicht, sich von der Herde zu trennen, und Améry tat sich mit seinem Suizid auch entsprechende schwer.

Ohnehin, also ganz ohne Helden, lässt sich das Dammbruchargument mit Zahlen keineswegs belegen. Die Zahl derer, für die in der BRD der § 217 gemacht wurde, also die möglichen ‚Kunden' von Dignitas, Arnold, Kusch, Puppe ..., beträgt geschätzt nach Puppe ohnehin nur maximal 1000 oder 2000, eine verschwindend geringe Zahl bei einer Bevölkerung von 80 Millionen.

In den Ländern, in denen die Sterbehilfe liberalisiert wurde, Belgien, Holland u.a., ist ein solcher Dammbruch ja auch keineswegs eingetreten. Die Zahlen zur Sterbehilfe und zum Suizid blieben deutlich unter einem Prozent. Die allermeisten, die sich eine Sterbehilfe wünschen, stehen zudem vor einem Verzweiflungssuizid, weil ihnen ihre körperliche Verfassung im Grunde ein Weiterleben in Würde nicht mehr ermöglicht. Freitod-Heroen sind sie kaum.

Ein undifferenziertes Beharren auf einer Autonomie und dem Selbstbestimmungsrecht ist unangemessen und rechtlich so nicht gegeben. Stets lebt der Mensch als Individuum zugleich in sozialen Zusammenhängen, die z. B. Viktor Niculescu, (Selbstbestimmtes Sterben, 2019) ganz aus dem Blick verliert. Er sieht sich allerdings im Gegensatz zu Améry auch nicht als ein Rebell gegen die Gesellschaft.

Summa summarum ist es eben so, wie es in unserem Grundgesetz auch zum Ausdruck kommt. Es ist das Spannungsverhältnis zwischen Individualrechten als gegebenen und legitimen Schutzrechten gegenüber der Allgemeinheit und unserer moralischen, sozialen und rechtlichen Obliegenheit gegenüber den unmittelbaren Angehörigen und dem Gemeinwohl insgesamt. Zwischen diesen beiden Polen gilt es abzuwägen und zwar immer im konkreten Einzelfall.

Die Selbsttötung kann eine egozentrische Flucht aus der sozialen Verantwortung sein. Mit zunehmenden Alter aber vermindert sich diese. Wo erfülle ich denn trotz meiner Einschränkungen und diversen Leiden noch eine soziale Aufgabe? Oder bin ich nur noch eine Last? Ein Opfergang ist der Suizid wie jeder andere Tod eben allemal; für einen selbst und für das ganze soziale Umfeld.

Bleibt die Frage, wer soll denn letztendlich entscheiden und nach welchen Gesichtspunkten? Die Antwort kann nur lauten: allein der Suizident selbst. Sie/er wird sich mit sich beraten, auch beraten lassen, sich umfassend informieren etc.

In der allgemeinen Diskussion zweigt sich hier am Ende nur ein fortwährend herumgereichtes Kriterium: es könne angemessen sein, das Leben zu beenden, wenn es „unerträglich" geworden ist. Was aber kann „unerträglich" bedeuten?

Können Ärzte, Psychiater, oder gar klerikal ausgerichtete Berater hierüber wirklich befinden? Thomas Nagel und sein Fledermaus-Argument kann einem dabei in den Sinn kommen. Auch der/die Betroffene kann am Ende nur eine gefühlsmäßige Entscheidung treffen.

Wie sehr eine Gesellschaft die Suizide, wie sie in ihr vorkommen, auch ganz säkular als eine Beleidigung auffassen kann, zeigte sich in der damaligen DDR. Moralisch und religiös wurde der Suizid als solcher nicht bewertet. Gleichwohl wurde das ‚Selbstmörder'-Tabu ganz traditionell aufrechterhalten. Die Selbstmörder wurden als Kritiker am System und seinem gloriosen Zukunftsentwurf eingestuft. „Das seit Jahrhunderten geltende Suizidtabu wurde in der DDR politisch überformt." (Anne Waak, Der freie Tod .. 2016)

Betrachten können wir das alles auch unter dem Gesichtspunkt der Demut. (H. O. Leng; Die Dimensionen der Demut, 2015) Es gibt eine Demut des Dienens. Platon hat sie wohl als einer der ersten hochgehalten. Es gibt ebenso auch eine Demut der Unterwerfung und zwar im religiösen evtl. auch ideologischen Bereich. Nur fragwürdige Egozentriker werden die Demut des Dienens für sich ablehnen. Fragwürdig bleibt aber auch die konkrete Handlungsrelevanz einer Demut des Unterwerfens mit ihrer religiösen Wurzel. Werden Freitod wählt, wird zwischen seinen eigenen Gründen und seiner sozialen Bindung, insoweit eine solche noch besteht, abgewogen haben.

3.8 Der „Lebensschutz"

Die Rede vom ‚Lebensschutz' ist eine ganz und gar befremdliche Rede. Obwohl vielerorts (Kirche, Ärzte) so getan wird, als sei dies ein ganz selbstverständlicher Begriff.

Philosophisch, also religionsfrei betrachtet gibt es „das" Leben als ein Ding an sich nicht. Jedenfalls nicht in einem für uns Menschen greifbaren Sinne. Wir können uns immer nur auf das einzelne, konkrete Leben beziehen. Leben ist stets individuelles Leben.

Wenn du den Freitod wählst, stellst du ja damit in keiner Weise das Leben als solches in Frage. Du machst lediglich von deinem Freiheitsrecht Gebrauch, dein persönliches Leben selbstbestimmt zu beenden.

Wenn in der Palliativversorgung dann bei einem austherapierten Patienten von „lebenserhaltenden Maßnahmen" die Rede ist, kommt eine gewisse Feigheit ins Spiel. Versteckt hinter einem plakativen „Lebensschutz" wird der Frage ausgewichen, ob denn dieses eine konkrete Leben überhaupt noch einen Sinn haben kann.

Da der Arzt, die Ärztin, wenn er/sie vor dem Bett eines austherapierten Patienten steht, mit der Entscheidung darüber, ob denn dieses eine konkrete Leben überhaupt noch lebenswert ist, klar überfordert ist, bietet sich der abstrakte ‚Lebensschutz' als ein Ausstieg aus diesem Dilemma an. Der Beifall der Theologen mag dabei hilfreich sein.

4 Tot – und was kommt danach?

4.1 Sterbewunsch und Jenseitshoffnungen

Komfortabler Weise gibt es hier nur drei Grundpositionen.

1.Dein irdisches Leben im Hier und Jetzt ist eine dir auferlegte, zeitlich begrenzte Pilgerfahrt in einem irdischen Jammertal. Der Tod eröffnet dir dann das Tor zu einem zeitlosen, jenseitigen Leben. Dort wartet auf dich die ewige Seligkeit, vielleicht aber auch Hölle und Verdammnis.

2. Tot ist tot. Es gibt keine vom Körper getrennte, unsterbliche ‚Seele'. Alles, was wir rational betrachtet konstatieren können, ist dieses eine, konkret fassbare Leben, über das wir verfügen. Im Tod löst sich dieses Leben schlicht wieder auf.

3.Niemand kann dir zweifelsfrei sagen, ob da irgendetwas nach dem Tod kommt oder nicht. Also grübele nicht über diese törichte Frage, die letztlich ohne eine Antwort bleiben muss. Mach dir den Kopf nicht schwer, warte einfach ab.

Diese drei Grundpositionen liegen weit voneinander entfernt. Wir können da im Grunde nicht argumentieren. Aber alle diese drei Positionen kreisen in unserem Kopf, vor allem aber in unserem Gemüt. Und wir schwanken.

Oder bist du auf eine dieser drei Positionen festgelegt? Dann ist das auch in Ordnung. Selbst von der Position A aus kann eine Freitodentscheidung angemessen sein, wenn du die klerikalen Bevormundungen, die ihr anhaften, ablegst.

Die Frage nach dem ‚Danach' lässt uns nicht los. Weil wir hoffen, in unserem gegenwärtigen Leben und auch in seinem unausweichlichen Ende einen Sinn zu sehen, einen höheren Sinn. Wie viele Philosophen haben sich da schon abgemüht… Es gehört offenbar zu unserer menschlichen Natur, dass wir nicht von der Sinnfrage loskommen.

Position A, die klassisch religiöse, ist uns allen in ihren Umrissen gut bekannt. In den drei großen monotheistischen Religionen, dem Judentum, dem Christentum und dem Islam findet sie sich in einer aufwendigen Mythologisierung. Am wenigsten einheitlich ist diese im Judentum, besonders drohend zeigt sie sich im Islam, und im Christentum wird bei den Bestattungsfeiern heutzutage eher eine Version light bevorzugt. Position A bedient unsere Gefühle am besten.

Hinter der Position B versammeln sich die naturwissenschaftlich orientierten „Realisten". Sie können u. a. darauf verweisen, dass sich die Natur in ihrem Wandel von Werden und Vergehen ja in Kreisläufen bewegt, so z. B. in einem Kohlenstoff-Kreislauf, in den wir lebend und auch als Tote (organisches Material) eingebunden sind. Zudem bestehen wir überwiegend aus bloßem Wasser. Oder man verweist auf den Satz von der Energieerhaltung etc. Schon Demokrit erläuterte, dass ‚im Sterben' nichts verloren geht. Die Elementarteilchen organisieren sich in einem ständigen Wechsel von Ordnung und Zerfall. Verloren geht dabei nichts.

Dazu ist kürzlich ein einschlägiges Buch erschienen. Oliver Müller, Alter. Sterben. Tod. Die Vergänglichkeit des Menschen aus naturwissenschaftlicher Sicht, 2019. Müller, der zunächst Theologie studierte, greift auch die theologische Sichtweise auf, für die er allerdings keine Belege findet.

Bekräftigen lässt sich die Position B indes auch von einem Gemüt her, dem eine spirituell ausgerichtete Blickrichtung von Bedeutung ist. ‚Ein Regentropfen kehrt zurück ins Meer', so lautet der Titel eines Buches von Abt Muho. Wenn wir den Wechsel von Werden und Vergehen in solchen Metaphern spiegeln erspüren wir vielleicht dabei das Wirken eines geistigen Prinzips. Der rationalen naturwissenschaftlichen Sicht lässt sich eine naturphilosophische beifügen. Vielleicht siehst du dich einmal beim Daoismus um.

Wer gemäß Position C alles in der Schwebe lässt, verzichtet darauf, sein emotionales Bedürfnis nach ‚Sinn' durch eine Vorstellung über das Danach zu nähren. Wer also diese scheinbar naheliegende Position hat, wählt einen anspruchsvollen Weg sich zu verorten. Schon vor seinem leiblichen Tod muss er/sie vieles von seiner emotionalen Bedürftigkeit absterben lassen. Das ist schwer. Die konsequenteste Strategie, emotionale Bedürfnisse absterben zu lassen, hat sicherlich der Buddhismus, in Sonderheit der ZEN-Buddhismus.

Zusammengefasst: Position A zielt auf unsere Gefühle. Position B bietet eine rationale Abschottung gegen diese Gefühle (vgl. dazu C. G. Jung) kann aber auch einen naturphilosophischen Trost bieten. Position C ist, wenn sie nicht einfach daher geplappert wird, eine asketische Position. Sie strebt an, alle Fragen nach dem Leben und nach dem Sterben hinter sich zu lassen.

4.2 Alles ist wie es ist gut

Mit einer ruhigen Distanz betrachtet, zeigen sich die Fragen nach dem ‚Danach' deutlich weniger bedeutsam, als wir das zunächst glauben wollen. Wirklich problematisch wird diese Frage ja nur, wenn mit einer Bestrafung in einem Jenseits gedroht wird.

Im Übrigen mag sich jede(r) dort aufgehoben fühlen, wo er/sie sein geistiges Zuhause sieht. Wir müssen lediglich eine ruhige und abgeklärte Haltung gewinnen. Das Ziel sollte sein, nicht mehr um jeden Preis um sein Leben zu kämpfen, sondern den Tod in das eigene Leben zu integrieren, seinen Lebenssinn zu bejahen. Alles ist, wie es ist, gut.

Diese Haltung (Aristoteles sprach von Hexis) hatte sich in der Antike z. B. Seneca erarbeitet. Gleichwohl wechselhaft waren seine Vorstellungen von dem ‚Danach'. Zuweilen nimmt er die christliche Trostbotschaft gleichsam vorweg, wenn er sagt, es gibt da einen Gott, der alles zum Guten wendet, dann wieder lobt er die Sichtweise von Epikur und dessen Theorie von den Atomen, mit deren formgebenden und formauflösenden Eigenschaften in einem ewigen Wechsel.

Seneca lobte natürlich auch die stoische Kosmologie. Nach deren Lehre steht alles, Menschen und Menschenreiche, die Kulturen, ja die Erde selbst und die Gestirne, eben alles, unter dem ehernen Gesetz des unausweichlichen Verfalls. Nichts blieb, wie es war, nichts bleibt, wie es ist. Alles hat seine Zeit. Nur der Tod selbst ist ewig, wie auch das Geborenwerden. Lediglich für sich selbst und sein Wirken hat das einzelne Leben eine Bedeutung, im kosmischen Konzert ist es nur ein zeitlich vorübergehender Moment.

Interessant und irritierend ist in diesem Zusammenhang ein Hinweis, wie er sich bei James S. Romm findet. (Romm, Seneca, Über die Kunst des Sterbens, 2019) In halluzinogenen Pilzen, besonders ergiebig ist der Kubanische Kahlkopf, sind die Wirkstoffe Psilocybin und Psilocin enthalten. Sie bewirken, wie bei Krebspatienten im Endstadium auch klinisch überprüft wurde, eine psychische Stimmungslage des umfassenden Einverständnisses mit allem, auch mit dem eigenen Tod.

Wer sich dieses umfassende Einverständnis geistig erarbeiten will, kann hieran ablesen, in welche Tiefenschichten er gelangen muss, eben bis in unsere Körperlichkeit hinein. Es sind halt im wesentlichen psycho-somatische Bereiche, um die es geht. Der Verstand erweist sich hierbei als sehr begrenzt und unfähig. Unnötig ist er gleichwohl nicht.

Eine solche Stimmungslage wurde in der Antike gepriesen und in den geistigen Eliten teilweise auch hartnäckig zu erreichen versucht. Es ist das Meditare mortum, oder griechisch der meléte thanátou, wie ihn auch Thomas Macho aufgreift. (Macho, Das Leben nehmen, 2017) Siehe auch Sara Stöcklein, Meditare mortem, 2008.

Geübt wird die bekannte und heilsame Psychotechnik, sozusagen links neben sich zu treten, sich aufspalten zu können in ein empirisches Ich, genauer gesagt das Ego, und ein transzendentales Selbst. Es gilt, eine andere Perspektive einzunehmen. Eine solche, die den Tod in die Sinnhaftigkeit des eigenen Lebens zu integrieren vermag. Denn sehe ich meinen Tod lediglich in meiner Ego-Perspektive, werde ich nie mit ihm einverstanden sein.

Macho (Das Leben nehmen, S. 72f.) schlägt hierbei einen Bogen hin zu Michel de Montaigne, der das Meditare mortem als ein Vorbedenken der Freiheit bezeichnet hat. Montaigne: „ ... nichts mehr ist schlimm im Leben für denjenigen, dem die Erkenntnis aufgegangen ist, dass es kein Unglück ist, nicht mehr zu leben." (Montaigne in dem Essay, Philosophieren heißt sterben lernen.)

Montaigne übte seinen täglichen Umgang mit dem Tod und empfahl wie Seneca auch, ihn als den entscheidenden Helfer zu sehen, der uns, wenn wir ihn in Ruhe ‚von oben' betrachten, aus den Zwängen, um jeden Preis leben zu müssen, zu befreien vermag.

Ein anderer Ansatz, der in die gleiche oder ähnliche Richtung geht, wird "Selbsttechnik" genannt. Michel Foucault ist einer seiner namhaften Protagonisten. Etwas philosophisch vertrackt kann man von einer Subjektspaltung sprechen. Macho (S. 19ff.) greift den Roman von Michael Köhlmeier, Zwei Herren am Strand, auf, in welchem dieser die Selbsttechnik als die "Methode des Clowns" darlegt.

Köhlmeier: "Ganz bei sich selbst kann der Mensch nämlich nicht über sich selbst lachen, denn Lachen bedeutet immer Lachen auf Kosten eines anderen. Er muss sein Ich aufspalten in ein Ich, das lacht, und in ein anderes, das ausgelacht wird. Das ist das Ziel der Methode." (Zeit. nach Macho, S. 21). Dieses Lachen über sich selbst, über das kleine Ego, das nicht sterben will und nicht kann, hatte auch Michel de Montaigne wärmstens empfohlen. Der Tod kann über die Wichtigtuerei unseres kleinen Lebens lachen und wir mit ihm.

Die christliche Botschaft überspringt ja quasi den Tod. Sie beraubt ihn seiner natürlichen und elementaren Wesenhaftigkeit und kompensiert dieses

Verleugnen durch eine besondere, schwergewichtige Mythologisierung. Sehr plastisch lässt sich dies bei Blaise Pascal nachlesen.

Dabei blieb das ‚Große und Ganze' was es von jeher war, ein stets wiederkehrendes Geborenwerden und Sterben, jenseits aller menschlichen Vorstellungswelten. Sich diesem Großen und Ganzen zu beugen, ist schwer. Es ist das DAO allen Lebens, zu dem das Sterben gehört.

Montaigne betont in diesem Zusammenhang, dass der einzelne Tod, also dein und mein Tod, ja etwas Belangloses ist. Er ist ein kurzes Einzelereignis. Ein Momentum, mehr nicht.

4.3 Den Tod entdramatisieren

Der Verstand steht still. Er kann den Tod nicht erklären. Weit öffnet sich der Horizont für mythische Vorstellungen. Die Bannkraft des Mythos nimmt uns gefangen.

Indes, die große Frage ist nicht die nach dem Tod. Was wir geistig zu bewältigen haben, ist konfrontiert zu sein mit unserer Endlichkeit. Wenngleich in dieser Endlichkeit unseres Lebens auch Trost gefunden werden kann, so tritt sie uns doch als ein Schrecken entgegen. Und diesen Schrecken projizieren wir auf den Tod.

Epikurs Argument gegen die Todesangst mag zwar ein rational verkürztes Argument sein, aber es trifft. Nach Epikur geht uns der Tod ja deshalb nichts an, weil der Tod nicht da ist, solange wir da und am Leben sind.

Dies entspricht auch unserem Alltagsgefühl in einer ersten Unmittelbarkeit, Gevatter Tod ist doch weit weg. Sind wir dann selbst aus dem Leben weg, weil Gevatter Tod da ist, wissen und spüren wir nichts mehr. Hier noch zwei Folgezitate zu Epikurs Auffassung: Epiktet meinte gelassen: Der Tod ist nichts Schreckliches. Nur die fürchterliche Vorstellung vom Tod macht ihn furchtbar." Und ganz im Gefolge Epikurs formulierte Ludwig Wittgenstein: "Der Tod ist kein Ereignis des Lebens. Den Tod erlebt man nicht."

Über unsere Endlichkeit, über das Faktum, dass wir nur über eine deutlich begrenzte Lebenszeit verfügen, uns aber gleichzeitig wünschen ewig zu leben – darüber sollten wir reflektieren, nicht über den Tod selbst. Der Tod ist letztlich ein belangloses Ereignis. Diese seine Kontingenz und Belanglosigkeit konnte Michel de Montaigne sehr plastisch verdeutlichen.

Sich mit der Begrenztheit unseres Lebens auseinander zu setzen, führt demgemäß zu keiner Todesphilosophie, sondern hinein in eine Philosophie der Lebenskunst. Wie lässt sich ein begrenztes Leben, eingeschlossen das notwendige Sterben gestalten? Auch hierbei erweist sich Montaigne als ein guter Ratgeber, wenn er sinngemäß ausführt, nahezu gottgleich wären diejenigen, die ihr kleines Leben auf die rechte Weise zu gestalten und zu genießen wissen.

Also kein heideggersches ‚Vorlaufen zum Tode', keine existenzialontologische Vertiefung der Todesangst, sondern ein besonnener, ruhiger Blick auf unser je eigenes Leben und unsere begrenzte Lebenszeit.

Der Tod bleibt dabei, was er von jeher ist; ihn selbst können wir nicht gestalten. Es ist eine Frage der Lebenskunst, ein Einverständnis mit unserer begrenzten Lebenszeit, mit unserer Sterblichkeit, mit dem Tod aufzubauen.

Wieviel Selbstverantwortung für dein Leben und dein Lebensende bist du bereit, auf dich zu nehmen? Kannst du dich distanzieren, vom gängigen gelebt werden, vom gestorben werden, von deinem Ego und seinem unbändigen Lebenstrieb?

Menschen sind eitel, und die Religion mit ihrer Rede von der Krone der Schöpfung bestärkt uns darin. Aber haben Menschen wirklich ein besonderes, ein „ewiges" Leben? Sterben wir einen besonderen Tod?

Wenn wir unser Menschsein über jedes Maß wichtig nehmen, wenn wir unser Menschsein stilisieren, werden wir auch unseren Tod hochstilisieren. Es stirbt da aber keine hochbesondere ‚Person' im Sinne Kants. Es stirbt da nicht das Dasein einer ‚Existenz' im Sinne eines unhintergehbaren Seins im Gefolge der Existenzphilosophie von Kierkegaard, Jaspers, Heidegger, Sartre. Es stirbt ein Lebewesen einer Spezies, die mit wachsender Tendenz derzeit bereits mit 7,7 Milliarden Exemplaren die Erde bevölkert.

Jedes Lebewesen, ob Pflanze, Mensch, oder Tier, hat sein je eigenes Lebensende. Das ist alles sehr weise so eingerichtet in seiner Individualität und Gemeinsamkeit. Ein beeindruckendes Zusammenspiel von vielfältigem Werden und Vergehen. In Ruhe betrachtet gibt es keinen Grund, unseren individuellen Tod aufzubauschen.

Die weise Mutter Natur hat es so eingerichtet. Wenn wir lernen, dies demütig zu akzeptieren, können Vertrauen und Trost in uns wachsen. „Die Gesetze der Natur lehren uns, was wir wirklich brauchen … mit dem, was die Natur fordert, versorgt sie uns auch." (Montaigne, 3. Buch, Essay 10)

Es kostet eine gewisse Überwindung, die Einfachheit wieder zu entdecken. Nicht sich selbst stilisieren, nicht den Tod mythologisieren, sich nicht selbst belügen, ehrlich werden, sich nichts vormachen. Wir sollten die Frage nach der Lebens- und Sterbekunst nicht zu hoch hängen. Einfach anständig bleiben und sterben können.

Der Tod kann schön sein und er hilft uns für ein sinnvolles Leben. Die Schönheit des Todes, jenseits von Pomp und Heldenverehrung kann jede(r) für sich entdecken, sobald er/sie sich nicht mehr ans Leben einfältig anklammert. „Der Tod und die Schönheit sind zwei tiefgründige Dinge, die ebenso viel Schatten wie Licht in sich tragen." (Viktor Hugo) Es gibt keine Schönheit ohne Zerfall, und wer hat nicht schon die Schönheit des Morbiden erfahren?

Schließen wir die Gedanken zu einer Entdramatisierung des Todes und Freitodes ab, indem wir uns die Tugend der Einfachheit heilsam bewusst machen. André Comte-Sponville, Ermutigung zum unzeitgemäßen Leben, dt. 2010, hat darüber einen schönen Text geschrieben.

So hochkomplex und materialüppig wie unser industrialisiertes Leben geworden ist, fällt es uns natürlich schwer, die Einfachheit wieder zu entdecken. Etwas Einfaches ist zum Beispiel der Tod. Einfachheit ist nicht Vereinfachung. Die Einfachheit „ ist das Leben ohne Geschichten und Lügen, ohne Übertreibung, ohne große Geste. Sie ist das unscheinbare Leben, sie ist das wahre Leben." (Comte-Sponville, S. 188)

Sinnvoller Weise gilt dies auch für den Tod. Ihn in seiner Einfachheit zu begreifen, ist eine Anforderung an unsere Lebenskunst, an unsere Sterbekunst. Einfachheit ist nicht Einfalt. „Intelligenz ist die Kunst, das Komplizierte auf das Einfachere zu bringen, nicht umgekehrt … frei zu werden, statt sich blenden und einengen zu lassen." (Comte-Sponville, S. 190/91) Dabei brauchen wir keinen Paternalismus. Hilfreich kann indes ein inneres Lächeln sein.

4.4 Das wohl älteste Zeugnis der Suizidliteratur

Stammt aus dem Mittleren Reich im alten Ägypten. Es ist der Streit eines Lebensmüden mit seiner ‚Seele'. Was hierbei unter der Seele verstanden wird, ist für uns Heutige etwas fremdartig, darauf kommt es aber hier nicht an. Die Art, wie das Grundthema aufgegriffen wird, ist bis heute klassisch. Der Lebensmüde führt in seinem Inneren ein kontroverses Zwiegespräch.

Der eine Teil in ihm will sterben, der andere Teil will ihn davon zurückhalten. Der des Lebens überdrüssige Teil hat keine Mühe, darauf zu verweisen, wie schlecht die hiesige Welt ist und wie schlecht die Menschen auf ihr sind. So heißt es:

„...die Sanftmut ist zugrunde gegangen,

die Frechheit ist zu allen Leuten gekommen;

...vernachlässigt wird das Gute an allen Orten;

...es gibt keine Gerechten,

...die Erde ist den Übeltätern überlassen;

...es gibt keine Zufriedenen,

...ich bin mit Elend überladen und ermangele eines Vertrauten."

Kurzum, dieses Leben hier ist nicht lebenswert. Offenbar handelt es sich um einen bereits recht alten Mann, „der Sieche ist der (mir) Vertraute."

Die „Seele" aber will ihn, der diese Welt verlassen will, zurück halten. Sie steht für den Lebenstrieb und die Lebenslust. Manches mag vielleicht beklagenswert erscheinen, man dürfe aber nicht so negativ gestimmt sein und solle das Leben, so wie es ist, ertragen. Hierbei zitiert die „Seele" einen Trinkspruch, der bei den damaligen Gelagen wohl in Mode war: „Folge dem frohen Tag und vergiss die Sorgen."

Was der Lebensmüde vorgebracht hat, wird also nicht akzeptiert. Der Mensch habe sein sicher auch leidvolles Leben doch zu ertragen, christlich gesprochen, er habe auszuharren.

Hinzu kommt ein Weiteres. Vor dem ersehnten Eintritt in das Totenreich, das im alten Ägypten als das Reich des Osiris ein sehr angenehmes war, musste man vor dem furchterregenden Totengericht bestehen. Ebenso ja auch im Christentum, Jesu: „Fürchtet euch vor dem, der nicht nur töten kann, sondern die Macht hat, euch auch noch in die Hölle (die gehenna) zu werfen." (Lukas 12,5) Auch im alten Ägypten verfehlte die Drohung mit dem Totengericht ihre Wirkung nicht.

Dieser des Lebens überdrüssige alte Ägypter will sich gleichwohl mit seinem mors voluntari von der diesseitigen Welt befreien, in der er sich sinnlos gefangen sieht. Nicht sein Tod sei das Übel, sondern gefangen zu sein in einer üblen Welt. Ein Motiv, das später in der Stoa eine große Rolle spielt.

„Der Tod steht heute vor mir,

wie wenn jemand sein Haus wiederzusehen wünscht,

nachdem er viele Jahre in Gefangenschaft verbracht hat."

Und er malt sich aus, wie schön der Tod doch sein kann. Ja, der Tod ist auch schön.

„Der Tod steht heute vor mir,

wie wenn ein Kranker gesund wird,

wie wenn man nach der Krankheit ausgeht.

Der Tod steht heute vor mir,

wie der Geruch der Lotusblumen,

wie wenn man auf dem Ufer der Trunkenheit sitzt."

(Gemeint ist ein Gelage.)

Die gängige Rede, das Leben sei in jedem Fall lebenswert, und der Tod sei das große zu fürchtende Übel, wird also umgekehrt. Übel ist der Zwang, leben zu müssen. Unsere Geburt hat uns ja ungefragt in dieses Leben hineingeworfen. Nach einem gelebten Leben aber können wir frei entscheiden, was denn nun besser für uns ist, das Weiterleben oder die Zuflucht zu Osiris.

„Der Tod steht heute vor mir,

wie der Geruch der Myrrhen,

wie wenn man am windigen Tage unter dem Segel sitzt."

(Also nicht rudern muss.)

Quelle: Adolf Erman, Die Literatur der Ägypter, Leipzig 1923, reprografischer Nachdruck 1971.

4.5 Muss der Tod einen Sinn haben?

Die Antwort kann nur lauten: ja. Zwar bringen sich die Menschen in ihren Kriegen sinnlos um, der Tod selbst aber ist ein Naturgeschehen, und wir sind nicht dazu berechtigt, dem Walten der Natur den inneren Sinn abzusprechen. Dieses Walten der Natur bleibt uns bezogen auf seinen letzten

Sinn allerdings unerklärlich. In unsere Art der Sinngebung fügen sich die Naturprozesse nicht ein.

Wir wollen nämlich ‚Sinn' und ‚Ordnung' zusammenbringen, traditioneller Weise. Dabei sind wir aber lediglich im Stande, einen Ordnungsbegriff zu entwickeln, wie er allein unserem menschlichen Horizont entspricht. Was wir als Menschen unter einer „sinnvollen Ordnung" verstehen, ist auf das Universum und die Natur schwerlich zu übertragen.

Die Religionen haben aus diesem Dilemma einen verlockenden Ausweg gefunden, eine tragfähige Brücke für diejenigen, die diesen Glaubensweg gehen. Gefragt ist ja nach einem trostreichen und vertrauensvollen Leben und Sterben.

Unserem Streben nach Sinn - mag es sich auch als ein hochgeistiges Bemühen empfinden - liegt ja ein fundamentales Sicherheitsbedürfnis zugrunde. Mögen auch weitere Motive mit hinein spielen, zugrunde liegt ihm doch ein emotionales Grundbedürfnis. Wir wollen uns ‚aufgehoben' fühlen, sinnvoll aufgehoben. So greifen wir zur Religion.

Wir bekommen Angst, wenn etwas für uns ‚keinen Sinn' ergibt. Einige Fluchtreaktionen, wie das Verdrängen, oder der Zynismus, oder das Abgleiten in eine resignierende Gleichgültigkeit bieten sich an, sind aber kein Ausweg.

Solange wir hingegen religiös und unverbrüchlich an der Existenz eines allmächtigen und allwissenden Gottes festhalten können, leben wir in einem Konstrukt, das uns von dem Zweifel an dem ‚Sinn des Ganzen' befreit. „Die Idee Gottes ist offenbar die Idee von etwas, das alles andere erklären kann, ohne erklärt sein zu müssen. (Thomas Nagel, Was bedeutet das alles? Reclam 2012, S. 95). In einer solchen theologischen Perspektive gesehen ist die Sinnfrage elegant beantwortet. Über das Universum oder den Gang der Natur musst du dir deinen Kopf nicht zerbrechen; es genügt, Gottvertrauen zu haben.

Der asketische Priester (eine Wortschöpfung Nietzsches) will allerdings über das bloße Gottvertrauen hinaus. Er will zu einer Gotteserkenntnis vordringen, er will über sein kleines Ich hinauswachsen, er will eine Erkenntnis durch Identifikation. Sein Bemühen ist dabei ein durchaus geistiges.

Noch einmal Thomas Nagel: So „ist der Glaube an den Gott die Überzeugung, das Universum sei verstehbar - jedoch nicht für uns (ebenda, S. 99). Bis hin zur Kopernikanischen Wende um 1500 hat ja diese Überzeugung auch recht gut getragen.

Nun ist Thomas Nagel ein zeitgenössischer Philosoph. Und als solcher sagt er ehrlich, "ich verstehe religiöse Gedanken nicht" (ebenda). Als Mensch aber hat auch der Philosoph Nagel ein emotionales Bedürfnis nach Sinn. Wie also damit umgehen?

Sinnvollerweise fragst du dabei nicht nach dem großen Sinn des großen Ganzen. Zeigt doch diese Frage eine geistige Vermessenheit und einen bedenklich Hochmut. Vielleicht wirst du eine eher bescheidene Frage stellen: wie kann ich mein kleines Leben und Sterben sinnvoll gestalten?

Damit ist die Sinnfrage heruntergebrochen, wie man so sagt, in den eigentlich menschlichen Bereich. Wir ‚erlangen' nicht Sinn, er wird uns nicht als vorgegeben zu Teil, wir selbst müssen uns innerlich und äußerlich tätig um einen Sinn bemühen, wir müssen uns dieser Eigenverantwortung stellen. Das ist Demut.

Thomas Nagel, von seiner philosophischen Perspektiv her kommend, sagt ehrlich: „...ich verstehe religiöse Gedanken nicht" (ebenda). Wer nicht religiöse Gedanken, Gefühle und Glaubensinhalte sein eigen nennen kann, bleibt in der Sinnfrage zurückgeworfen auf sich selbst. (Für philosophisch Hochinteressierte: es entspricht dies der nominalistischen Position im Universalienstreit.) „Wenn etwas von dem, was wir tun, überhaupt einen Sinn haben soll, dann haben wir ihn in unserem eigenen Leben zu suchen (Nagel, S. 95).

Wir wollen gleichwohl sinnvoll sterben, wie wir ja auch sinnvoll gelebt haben wollen. Dieser innere Wunsch lässt sich verdrängen, mag sein. Völlig ablegen können wir unser Bedürfnis nach Sinn nicht. Wer sich dabei nicht auf den großen Sinngeber - Gott - stützen kann, dem bereitet dieses Bedürfnis nach Sinn Schwierigkeiten, denn in der Natur und ihrer Evolution kann er/sie ehrlicherweise diesen Sinn auch nicht finden. Uns bleibt nur die Sinnstiftung anstelle der Sinnsuche.

Dabei müssen wir uns vom großen Sinn des großen Ganzen verabschieden. Die traditionellen Narrative der großen Philosophen tragen nicht mehr. So bleibt uns nur, die Sinnfrage „herunter zu brechen", wie man zu sagen pflegt. Wir sind angehalten, uns mit den kleineren Sinnstiftungen zu begnügen. Und als Menschheit insgesamt haben wir dabei auch nur wenig Erfolg.

Andererseits ist es aber auch nicht so schwer, sinnvoll zu leben und gelebt zu haben. Wir dürfen ja dabei auch Fehler machen, menschliche Fehler. In vielerlei

Hinsicht leben wir ohnehin bloß, weil wir leben, wie Ernst Bloch nüchtern konstatierte.

Weitgehend ist unser konkretes Leben fremdbestimmt. Im Rückblick zeigt sich, wir wurden gelebt, das Leben hat uns vereinnahmt, zumeist mussten wir uns auf ein Reagieren beschränken.

Aber die Fähigkeit zu einer kritischen Distanz und zu einer eigenständigen Urteilsbildung haben wir allemal. Ich muss nicht devot, in einer völligen Kapitulation und Passivität mich ‚leben lassen', genauso wie ich nicht damit einverstanden sein muss, klinisch gestorben zu werden.

Zur Lebenskunst gehört, die Freiräume zur Eigenverantwortung und Selbstbestimmung in einem sozial vertretbaren Maße genutzt zu haben. Montaigne betonte das Lernen. Ein Leben, gleich ob gut oder schlecht, sollte nach Montaigne danach bewertet werden, ob und wie viel man lernen durfte.

Im Grunde zeigt sich die ganze Lebenskunst als eine Charakterkunst. Hierbei haben wir erhebliche Möglichkeiten, sollten uns aber auch nicht idealistisch überfordern. Anständig geblieben zu sein, ist doch schon sehr viel.

Es stirbt sich leichter mit einer rückblickenden Zufriedenheit. Sicher, mein Leben hatte auch seine dunklen Seiten, nicht alles lief fadengerade, es waren ja auch etliche Schwächen meinerseits dabei. Aber wenn ich in einer ruhigen Betrachtung festhalten kann, dieses Leben war für mich lehrreich in seiner Reichhaltigkeit, dann ist das genug. Und genug ist genug.

Schon richtig, die Menschen leben einfach weitgehend weil sie leben, und ebenso sterben sie weil sie sterben. Der große Sinn bleibt dabei verborgen. Den Versuch, kleine Sinnstifter zu sein, haben sie aber gemacht, und vom großen Sinn mögen sie auch geträumt haben.

So können wir uns letztlich nur auf uns selbst zurückwerfen. Wie habe ich versucht, an mir zu arbeiten? Bin ich über alles Maß meinem Ego gefolgt, unausgefüllt, gierig und maßlos? Ist mir gelungen, lebenspraktisch aber auch bei meinen Lebens- und Sinnansprüchen mich nicht so wichtig zu nehmen? Muss ich mich noch bei irgendwem entschuldigen? So was halt.

Schließlich wollen wir ja nicht unausgefüllt „gestorben werden", sondern ohne inneren Groll unseren mors voluntari realisieren, wir wollen ruhig und auch innerlich zufrieden mit unserem Leben am Ende gehen.

5 Der Freitod bedeutet eine individuelle Entscheidung wie kann sie in Dir wachsen?

5.1 Sterbewunsch und Todesangst

Du kannst Tod nicht? Verständlich, du hast das ja auch nicht geübt. Nahezu alles lässt sich üben, das Sterben leider nicht. Buddhisten üben das Absterben des Intellekts, der Gefühle und der Triebe, das biologische Sterben können auch sie nicht herbeimeditieren.

Bleibt uns also nur das Abwarten, Ausharren, Resignieren? Mitnichten. Sicherlich kannst du den Tod selbst nicht üben, aber du kannst dich vorbereiten, technisch und seelisch-geistig, also mit deinem Denken, Fühlen und Wollen. Energisch gilt es ein dickes Brett zu bohren (vgl. auch Leitfragen 6 und 7). Und die Todesangst ist immer mit dabei, es macht keinen Sinn, sie zu verdrängen.

Alle reden sie vom guten, dem gelingenden Leben. Niemand spricht Klartext von einem guten, gelingenden Sterben. Im Tod einen Sinn zu sehen, in seiner Erlösungskraft, in seiner Dienstbarkeit für den Fortgang des Lebens, auch das bedarf einer Übung.

An einen guten, verlässlichen Freund:

Ganz nah bei mir

Ich suche ein schönes Bild von dir.

Worte sind so abgehoben.

Lachhaft-kindisch, dieser gut gemeinte Trost,

weil ein Gott es irgend so befiehlt.

wie er dir Majestät und Würde stiehlt,

als sei schon alles ausgelost.

Dieses kleine Gedichtchen habe ich vor ungefähr 12 Jahren geschrieben, ich war noch in den 60igern. Es war für mich ein erster Schritt, den Sinn des Todes zu ergreifen.

Die Frage nach dem Sinn ist für Philosophen eine vertrackte Frage. Die Theologen haben es da leichter. Der Sinn kommt von Gott, Gott ist die Ursache und damit die Legitimation für alle weiteren kausalen Ableitungen. Ja, das kausale Denken ist so hoch geschätzt - es beruhigt.

Wenn aber die heutige Philosophie als Ausgangspunkt allein den einzelnen Menschen setzt, das „Subjekt", dann geht sie nicht mehr von einem „es ist" aus. Sinn ist nicht, Sinn wird gemacht - von uns. Du bist es, der deinem Freitod Sinn verleiht, und dem geht ein abgewogenes Urteil voraus, sollte es vorausgehen. Wie dieses dein Urteil dann verallgemeinert werden kann, ist eine weitergehende philosophische Frage. Siehe dazu meinen längeren Text bei Leitfrage 3, ‚Ein kleiner demütiger Blick auf unser Erkenntnisvermögen.'

Man kann es auch andersherum betrachten und formulieren: Du bist aufgerufen Selbstverantwortung zu wollen. In den vordemokratischen Gesellschaften war das anders. Verantwortlich für den Tod war Gott, oder in etwas säkulareren Worten, Fortuna und das Schicksal.

Ist Selbstverantwortung sinnvoll? Ach, doch nicht immer und nicht ausgerechnet in dieser einen Frage, magst du sagen. Also schiebst du diese Verantwortung weg von dir, schiebst sie zu den Ärzten und eben auch hin zu Fortuna. Du hoffst Glück zu haben. Wie das im Großen und Ganzen weitergehen soll, was aus der Gesellschaft insgesamt wird, kann doch nicht dein Problem sein. Das bekannte Floriansprinzip.

Aber es gibt halt dieses merkwürdige Alleinstellungsmerkmal. Du hast, wie du weißt, als einziges Lebewesen auf dieser Welt die Freiheit, selbstbestimmt zu sterben. Wirst du von dieser Freiheit Gebrauch machen, oder wirst du sie zurückweisen? Eine Freiheit tatkräftig und verantwortlich umzusetzen, ist unbequem.

Die Entschlusskraft zum Freitod kann also nur Schritt für Schritt in uns wachsen. Es ist wie das Laufen über eine jener tropischen Hängebrücken, die einen Fluss überspannen; wackelig und unsicher setzen wir einen Fuß vor den anderen, mal geht es ganz gut voran, mal bleiben wir ängstlich stehen und suchen Halt. Aber es geht voran. „Was wir in uns nähren, das wächst. Das ist ein ewiges Naturgesetz." (Goethe)

Betrachten wir deshalb zunächst einmal einige der rationalen Gründe, die den Freitod als eine logische Konsequenz nach sich ziehen. Wenn wir uns unserem ‚Alleinstellungsmerkmal' verweigern, was dann?

5.2 David Hume und das Abschiednehmen

Neben den noch aufzugreifenden rationalen Gründen, die für den Freitod sprechen, sind es vor allem die Stimmen der Philosophen, die dich in deinem Vorhaben bestärken können. Unter diesen Philosophen, die positiv zum Freitod eingestellt sind, soll David Hume hier in der Leitfrage 5 einmal vorab angeführt werden, weil er einen besonders des Nachdenkens werten Text verfasste.

Hume lebte und schrieb am Beginn der Aufklärung, dem erste großen Anlauf, die Autorität der Kirche grundlegend in Frage zu stellen. Er starb 1776, achtundzwanzig Jahre vor Kants Tod. Kant konnte sich also ausgiebig mit Hume beschäftigen und tat dies auch, ohne dass er den nüchternen, pragmatischen, am Common Sense orientierten Ansatz Humes übernommen hätte.

David Humes Aufsatz, Of Suizide, ins Deutsche leider mit ‚Über den Selbstmord' übersetzt, sowie einige weitere religionskritisch Essays erschienen erst nach seinem Tode. Er hatte es nicht gewagt, diese kirchenkritischen Gedanken zu seinen Lebzeiten zu veröffentlichen. Die Macht der Kirche war allgegenwärtig.

Gleich zu Beginn seines Aufsatzes hebt er hervor, dass nur die Philosophie „das allein wirksame Gegengift gegen Aberglauben und falsche Religion" bereitstellt. Der Aberglaube und mit ihm gleichzusetzen die orthodoxen Glaubensdiktate seien ein so großes Gift, dass eine tüchtige und nüchterne Lebensführung und unser sogenannter gesunder Menschenverachtend allein nichts ausrichten könnten.

Es ist dies eine Aussage Humes, die leider auch heute noch ihre Berechtigung hat. Lebenszugewandte und lebenstüchtige Menschen, die im Alltag ihrem Verstand durchaus vertrauen, sind zumeist dann doch nicht in der Lage und wohl auch nicht willens, ihren orthodoxen Glauben und ihren Aberglauben abzulegen. „Hat aber gesunde Philosophie einmal die Herrschaft über den Geist gewonnen, dann ist der Aberglaube tatsächlich ausgeschlossen..." Mag sein, dass Hume hier etwas zu optimistisch war, aber außer der Philosophie und ihrer beharrlichen Arbeit am Begriff sowie am vorbehaltlosen Begreifen steht uns als „Gegengift" wohl nichts anderes zu Verfügung.

Die erste philosophische Frage, die sich Hume nun vorlegt, ist die, ob denn der Freitod tatsächlich dem Willen Gottes widerspricht. Es ist dies eine Frage, die auch heute noch die Gemüter zu erregen vermag. Wir haben ‚Gott' noch immer in unserem Gepäck.

Humes Gedankengang ist nun der folgende: Gott hat alles erschaffen und uns in seine Schöpfungsordnung gesetzt, auf dass wir in ihr tätig werden. Wohlgemerkt, es ist eine Ordnung, gesetzmäßig eingerichtet. Allen Lebewesen und besonders uns Menschen wird indes innerhalb dieser natürlichen Ordnung ein freier Bereich eigenen Handelns zugestanden. Das, was wir können, können wir auch eine Tat werden lassen, auch dann, wenn das Gesamtgefüge dadurch eine Veränderung erfährt. Gott greift da niemals ein, es ist kein Fall bekannt, wo er dies jemals getan hätte.

Hume zieht bei seiner Argumentation die Bibel nicht ausdrücklich heran, aber es wird klar, dass er nicht mehr Jahwe, den Gott des Alten Testaments im Auge hat. Jahwe regierte sein Volk Israel noch sozusagen nach Lust und Laune unmittelbar, er griff ein. Der Gott des Neuen Testaments übt keine unmittelbare Gottesherrschaft mehr aus, er belässt es bei der natürlichen Ordnung.

Zu dem Handlungsoptionen, die Gott dem Lebewesen Mensch gegeben hat, gehört auch die Fähigkeit, sich individuell selbst töten zu können. Warum aber sollte Gott dem Menschen etwas verübeln, was er ihm als eine Handlungsfreiheit selbst eingeräumt hat? Oder anders gesagt: Mit einem unendlich geduldigen Schweigen nimmt Gott hin, wie wir immer mehr gegen die ‚Gesetze des Lebens' verstoßen, warum sollte ihn dann ausgerechnet unsere individuelle, also auf das Ganze gesehen folgenlose Selbsttötung überhaupt beschäftigen?

Zu Humes Zeiten galt der ‚Selbstmord' als ein Verbrechen, nicht nur innerhalb der kirchlichen, sondern auch als Straftat im Bereich der staatlichen Gesetze. Wie kann aber etwas ein Verbrechen sein, wenn ich tue, was mir Gott doch greifbar erlaubt hat und mit dem ich unmittelbar niemand schade? Hume: „Meint ihr, dass ich gegen die Vorsehung murre oder meine Erschaffung verwünsche, weil ich aus dem Leben gehe und einem Dasein ein Ende mache, das mich elend machte, wenn ich es fortsetze? … aber ich danke der Vorsehung sowohl für das Gute, das ich genossen, als für die Macht, womit sie mich ausgestattet, den drohenden Übeln mich zu entziehen."

Der Tod eines einzelnen Lebewesens, eben auch der Tod eines einzelnen Menschen, ist innerhalb der kosmischen Zusammenhänge, innerhalb der göttlichen Schöpfungsordnung nach Hume offensichtlich ja auch belanglos. „Wenn ich tot sein werde, werden die Elemente, aus welchen ich zusammengesetzt bin, noch ihren Dienst in der Welt tun und in der großen Werkstatt von gleichem Nutzen sein, als da sie dieses individuelle Geschöpf bildeten… Die eine Veränderung (der Suizid) hat für mich größte Wichtigkeit, für das Weltall nicht."

Wenn nun also mein Freitod für die kosmische Weltordnung belanglos ist und wenn auch nicht unterstellt werden kann, dass er gegen Gottes Willen und seine Schöpfungsordnung verstößt, so bleibt indes noch das sog. Gesellschaftsargument, wie es auch bei Leitfrage 3 als ein bedeutender Suizid-Einwand aufgegriffen wird. Es sei meine Pflicht in einem tätigen Leben der Gesellschaft, meinen Mitmenschen, zu dienen. Ich sei eben nicht der alleinige Souverän über mein Dasein oder Weggehen, sondern ich sei eingebunden in soziale Zusammenhänge, denen ich mich nicht selbstherrlich entziehen dürfe. Hume schreibt dazu:

„Ein Mensch, welcher sich aus dem Leben zurückzieht, fügt der Gesellschaft kein Leid zu; er hört bloß auf, ihr Gutes zu tun, was, wenn es ein Unrecht ist von der geringsten Art ist. - Alle unsere Verpflichtungen, der Gesellschaft Gutes zu tun, scheinen eine Art von Gegenseitigkeit einzuschließen. Ich empfange die Wohltaten der Gesellschaft und daher bin ich verpflichtet, ihre Interessen zu fördern; wenn ich mich aus der Gesellschaft aber überhaupt entferne, bin ich dann noch gebunden? Doch zugestanden, dass unsere Verpflichtung Gutes zu tun, beständig dauerte, so hat sie doch Grenzen: Ich bin nicht verpflichtet der Gesellschaft ein geringfügiges Gutes zu tun auf Kosten eines großen Schmerzes meinerseits, weshalb sollte ich also wegen eines nichtigen Nutzens, den die Gesellschaft vielleicht von mir noch erlangen könnte, ein elendes Dasein verlängern? … Aber man setze den Fall, dass es nicht mehr in meiner Macht steht, das Interesse der Gesellschaft zu fördern, dass ich ihr eine Last bin, dass mein Leben eine andere Person verhindert, der Gesellschaft viel mehr zu nützen, in solchem Fall muss mein Verzicht auf das Leben nicht bloß schuldlos, sondern löblich sein. … Dies ist dann der einzige Weg, auf welchem wir der Gesellschaft nützlich sein können, indem wir ein Beispiel geben, dessen Nachahmung jedermann seine Chance für glückliches Leben erhält und ihn von Gefahr und Elend wirklich befreit."

Mit diesem letzten Satz aus dem Zitat, deutet Hume an, dass er den Suizid bereits für die Lebensphase als berechtigt ansehen will, in der die Sterbesituation, „das Elend", noch nicht unmittelbar gegeben ist. In die Schweiz zu fahren, oder gefahren zu werden, wenn man bereits halb tot ist, macht für einen Bilanzsuizid keinen Sinn. Es ist dies ein Suizid aus Verzweiflung.

Darin aber liegt gerade der Kulturwandel, vor dem wir stehen, und Hume hat ihn sensibel vorweggenommen. Christian Schüle, Wie wir sterben lernen, 2013, schreibt: "Kulturhistorisch betrachtet ist in Deutschland in den vergangenen 15 Jahren eine kleine Revolution geschehen: Der Mensch von heute lässt sich seinen Tod nicht mehr aus der Hand nehmen. Er denkt Sterben, Tod und Trauer neu."

Das klingt etwas pathetisch, aber wir müssen lernen, uns vom Leben zu verabschieden, wenn das Leben droht, überlang zu werden. Dieses überlange Leben, wie wir es heutzutage so zahlreich vorfinden, mit all seinen Gebrechen und seinen Belastungen, macht keinen Sinn, weder individuell noch gesellschaftlich noch auch in einer politisch-ökologischen Perspektive. Wir müssen weg von der Verdrängung unserer Endlichkeit, „sterben lernen" bedeutet insofern die Rückkehr zum menschlichenMaß.

Zweifellos ist jede(r) Einzelne, verpflichtet, seiner Familie, seinem Umfeld, der Gesellschaft insgesamt, dem Staat „Gutes zu tun", wie Hume es nennt. Verdankt er doch diesen sozialen Zusammenhängen sein Leben in seiner ganzen Entfaltung. Wir stehen in einem sozialen Wechselverhältnis, das uns verpflichtet. Juridisch lässt sich dieses ‚Gesellschaftsargument' so fassen, dass den Individualrechten, die wir haben, Solidarpflichten zur Seite stehen.

So formuliert es auch Manfred von Lewinski, Selbstbestimmt sterben können, DGHS-Schriftenreihe Nr. 15. Er führt aus: „Sowohl ökonomisch als auch moralisch steht der einzelne Mensch in der Gesellschaft, in der erlebt, in einer Solidarschuld für all die Leistungen, die sie für ihn erbracht hat und erbringt. … In unserer Verfassung hat sich dies zwar nicht zu einer Pflicht des Einzelnen zum Leben verdichtet, wohl aber zu einer verfassungsimmanenten Erwartung." (S.17)

Also ist dein Suizid ein deutlicher Verstoß gegen unsere Rechts- und Sozialpflichten, also ist er ein „Verbrechen" wie zu Hume Zeiten, aus dem man sich nicht herausreden kann? Nein, schreibt v. Lewinski und verweist in dieser Hinsicht lobend auf den § 217 StGB. Dort wird die „Selbsttötung" als solche indirekt als ein Selbstbestimmungsrecht anerkannt. Der Paragraph 217 „hat dem Einzelnen vielmehr ein Selbstbestimmungsrecht auch im Sterben zugebilligt und seinen Angehörigen und ihm nahestehende Personen zugestanden, ihn dabei begleiten zu können, ohne sich dabei strafbar zu machen." (S. 18)

In summa, du hast gemäß unserer Verfassung ein Recht auf Leben, dass der Staat gemäß GG Art. 2 schützen und fördern soll. Zugleich bist du eingebunden in einen rechtlich-sozialen Zusammenhang. Aber es besteht rechtlich keine Pflicht zum Leben. In unserer Rechtsgemeinschaft ist der Suizid anerkannt und erlaubt.

So bleibt es bei dem, was David Hume bereits festgehalten hat. Du wirst den Nutzen deines Weiterlebens für deine Familie, für dein Umfeld, für die Gesellschaft abzuwägen haben gegen dein persönliches Leiden in Krankheit und Alter. Wozu bist du noch nütze? Wie groß ist andererseits dein Elend?

Ein solches Abwägen erscheint uns indes zu philosophisch-abstrakt. Wir leben ja in unseren Emotionen. Emotional und voluntaristisch schwankst du zwischen Lebenslust und Lebenslast, zwischen Freude und Verdruss. Aber auch die Betrachtung deiner Lebenslust und deiner Lebenslast bedarf eines weiterführenden Horizontes, bedarf einer sachlichen und gedanklichen Begründung.

5.3 Freitod als Lebenskunst

In der Philosophie der neueren Zeit können wir zwei Dimensionen der Suche nach einer Lebenskunst ausmachen:

1. Lebenskunst als Anpassung an Norm und Konvention
2. Lebenskunst als Widerstand gegen Norm und Konvention

Für Letztere setzt sich vor allem der Philosoph Michel Foucault ein.

Für Foucault heißt das , die Phänomenologie der alltäglichen Lebenswelt zu erforschen und zu einer möglichen Lebenskunst zuzuspitzen. Dabei geht es ihm um das Erkunden von Möglichkeiten zur Veränderung des Lebens im Alltag. Im Zentrum stehen dabei die Praktiken zur Transformation des Individuums, die Anstrengung, andere Lebensweisen zu erfinden und zu erproben.

Foucault plädiert dafür, die Philosophie der Lebenskunst bei den antiken Philosophen (Stoa, Epikurismus, Kynismus) wieder zu entdecken und an moderne Bewegungen der Kunst (Dada, Fluxus, Performance) anzuschließen. Es geht um den Charakter der Reflexivität. Es ist die Lebenskunst, die das unreflektierte Dasein zu erschüttern und zur Reflexion seiner selbst zu bringen vermag.

Foucault geht es im Ganzen um die Produktion einer Subjektivität, die eine Selbstpraktik, eine Praxis der Freiheit ist, als die Formung und Transformation seiner selbst gegen Normen und Konventionen, die genau diese Transformation verhindern. Im weitesten Sinne plädiert er für eine Ästhetik der Existenz, die

die Sorge um sich und die anderen in den Mittelpunkt der praktischen Philosophie stellt, eine Haltung, die das Leben als reflektierte Selbstgestaltung versteht und somit das eigene Leben zu einem Kunstwerk werden lässt.

In seinen letzten Vorlesungen (Michel Foucault: Die Regierung des Selbst und der Anderen, Bd. I 2010 und Bd. II 2012; Ästhetik der Existenz 2007) hat Foucault diese Haltung besonders in der Erforschung der Haltung der Parrhesia analysiert. Dem antiken Herrscher, dem es für das Wohlergehen der Familie, des Oikos, des Volkes oder des Staates zu tun war, war aufgegeben, sich selbst soweit zu entwickeln, dass er das Wohl der anderen angemessen im Blick hatte. Um sich selbst soweit entwickeln zu können, musste er sich mit Menschen umgeben, die ebenso dachten und handeln konnten, ihn also auch kritisch beraten konnten. Das konnte nur gelingen, wenn der Untergebene allen Risiken einer späteren Verurteilung zum Trotz die Wahrheit sprechen konnte. Parrhesia war also ein Handeln, bei dem der betreffende gegenüber einem Höher gestellten

1. Genau das sagte, was er selbst tatsächlich für richtig hielt.

2. Den Mut hatte, es auch bei vollem Risiko einer späteren Verurteilung durch den Herrscher zu sagen (den eignen Tod eingeschlossen)

3. Jede Art von Lüge, Schmeichelei, Überredung oder Beweis ablehnte,

4. Dasselbe auch öffentlich bekundete.

Für Foucault galt, dass diese Haltung sich in mehreren Ebenen durchsetzen musste:

- politisch
- gerichtlich
- moralisch
- philosophisch, letztendlich als philosophische Lebensform insgesamt.

Es ist klar, dass dies nur einem Subjekt gelingt, welches sich im höchsten Maß frei entwickelt hat. Dazu gehört ein Leben, welches sich jenseits gängelnder Normen und Konventionen entfaltet hat, unter Einübung aller notwendigen Praktiken

der Selbstformung. Dazu bot die antike Philosophie die entsprechenden Exerzitien, mit der Forderung, diese ein Leben lang u üben.

Als die wichtigsten Übungsbereiche galten:

1. Bekämpfung der Leidenschaften,

2. im Bereich der Natur (Physis) und er Gemeinschaft mit anderen rational handeln,

3. Irrtümer vermeiden und sich nur im Bereich des Universal-Objektiven bewegen.

(Vgl. Pierre Hadot: Philosophie als Lebensform. Geistige Übungen in der Antike, 1991)

Insofern war in der Antike Philosophie auch immer Ethik, aber dies im Sinne eines Ethos, einer Weise zu sein und sich zu verhalten. "Damit jedoch diese Praxis der Freiheit in einem Ethos Gestalt annehmen kann, die als gut, schön, ehrenhaft, achtbar und erinnerungswürdig erscheint, bedarf es eingehender Arbeit des Selbst an sich selbst" (Ästhetik der Existenz, S. 260)

Zu dieser Arbeit gehört für Foucault auch immer die Einübung in die Tatsache, dass der Tod zum Leben gehört. Wenn das Sterben noch ein Akt des Lebens ist, dann gehört auch die Kunst des Sterbens wieder zu einem konstituierenden Bestandteil der Philosophie der Lebenskunst. Ebenso, wie das Leben zu einem Kunstwerk gemacht werden muss, so muss auch aus dem Tod ein Werk gemacht werden.

Den Freitod, die Selbsttötung, sah Foucault als eine mögliche Form des Todes an. Er dachte dabei sogar an ein Haus,, in dem man seine letzte Zeit "in der Lust" verbringen würde, "in derDroge vielleicht, um dann zu verschwinden, wie durch Auslöschung..." (zitiert nach Wilhelm Schmid: Auf der Suche nach einer neuen Lebenskunst. Die Frage nach dem Grund und die Neubegründung der Ethik bei Foucault, 1991, S 363) Foucault fragte, wozu man die Gewissheit des Sterbenmüssens zu einem Zufall herabwürdigen sollte (indem man dieses Schicksal den Ärzten , Kliniken, oder eben dem Zufall des irgendwie endenden Lebens überlässt) und ihr damit den Charakter einer Bestrafung geben, anstatt den Tod vorzubereiten und ihn als maßlose Lust zu arrangieren. (ebda. S. 364)

Foucault starb schließlich an Aids. Er hatte alle eindringlichen Warnungen ignoriert und sich bewusst der tödlichen Gefahr seiner sadomasochistischen Leidenschaften ausgesetzt. Er suchte im Tod eine Grenzerfahrung - und das nicht zum ersten Mal. Bereits als 21-Jähriger unternahm er einen ersten Selbstmordversuch, als Schüler soll sich der Sohn eines Arztes mit dem Rasiermesser die Brust aufgeschlitzt haben. Die Erfahrung der Todesnähe nannte er später: "eine seiner besten Erinnerungen". Für Foucault war der Tod mit "vollkommener Lust" assoziiert. (vgl. Schmid. a.a.O. S.361)

5.4 Bevölkerungsexplosion

In ihrem Herbstgutachten 2019 warnen die sog. Wirtschaftsweisen die Bundesregierung davor, immer höhere Steuerzuschüsse in die Rentenversicherung zu transferieren. Bereits heute fließt insgesamt knapp eine Billion Euro pro Jahr in die Sozialkassen, was fast einem Drittel der gesamten Wirtschaftsleistung der BRD entspricht. Bis zum Jahr 2045 müssten es dann 1,6 Billionen Euro sein.

Wir können es vorab gesagt kurz machen. Das Problem bei der Bevölkerungsexplosion und der Implosion der Sozialkassen sind nicht die Kinder, sind nicht die Geburtenraten. Es sind die Alten, weil sie keinen Platz machen.

Die Zahl der Geburten geht nicht nur bei uns, sondern auch weltweit bereits deutlich zurück. Gemäß der UNO-Bevölkerungsprognose wir sich die globale Geburtenrate, die 2019 bei 2,47 Kindern pro Frau liegt, bis zum Jahr 2065 auf 2,1 eingependelt haben, was dann von den Geburten her gesehen zu keinem Wachstum mehr führt. 2,1 Kinder pro Frau ist die Rate, die für eine gleichbleibende Bevölkerungsentwicklung vonnöten ist. Allein die afrikanischen Länder treiben derzeit noch die Geburtenrate nach oben. Aber auch dort kann der Abwärtstrend bereits deutlich konstatiert werden.

Weltweit bleibt die Zahl der Kinder bis 14 Jahre bereits nahezu gleich. Bei der derzeit gegebenen Gesamtzahl der Weltbevölkerung von 7,7 Milliarden entfallen 2 Md. auf die Kinder, Tendenz gleichbleibend.

Ganz anders sieht es bei den über 65jährigen aus. Heute gibt es 0,7 Milliarden Alte. Im Jahr 2100 werden es nach der UNO-Prognose 2,5 Md. sein, ein Anstieg um mehr als 300 Prozent. Demgegenüber steigt die Zahl der Erwachsenen im Erwerbsalter im gleichen Zeitraum nur noch von 5,1 Mrd. auf 6,5 Md. Sie werden die 2 Md. Kinder großzuziehen haben und sollen zusätzlich 2,5 Md. Alte alimentieren.

Den 6,5 Md. - theoretisch - Erwerbstätigen, die ja auch selbst noch leben und konsumieren wollen, stehen dann 4,5 Md. Kostgänger gegenüber. Im Jahr 2100, so die Prognose, werden demnach 11 Milliarden Menschen den Planeten bevölkern, im Jahr 1500 lag die Zahl noch bei 500 Millionen. Schwindelerregend.

Zukunftsoptimisten und Technikfreaks mögen glauben, Roboter, riesige Gewächshäuser und bisher noch unbekannte Nahrungsquellen werden schon noch für uns sorgen. Außerdem würden die Menschen auf andere Planeten auswandern usw. usw. Das Nahrungsproblem mag lösbar sein. Wie aber soll angesichts der aufgezeigten demographischen Disparitäten der gesellschaftliche Zusammenhalt noch aufrechterhalten werden?

Japan liefert ein anschauliches Beispiel für die herannahende Entwicklung. Die Renten sind vergleichsweise gering, die Gesamtbevölkerung schrumpft aufgrund der zurück gehenden Geburtenrate, die unter 2,1 pro Frau liegt. Die Überalterung ist das Problem.

Die Regierung des Landes versucht sich in bereits recht drastischen Maßnahmen. Die Alten sollen möglichst bis zum 70. Lebensjahr arbeiten. Die Mehrwertsteuer wurde unlängst um 7 Prozentpunkte erhöht, um den drohenden Kollaps des Rentensystems aufzufangen.

Sieht es bei uns viel rosiger aus? 1960 lag die durchschnittliche Rentenbezugszeit noch bei 10 Jahren, heute liegt sie bereits bei 20 Jahren. Die Alten beziehen also doppelt so lang Rente, wie das noch 1960 der Fall war. Das bisherige Umlagesystem wird nicht zu halten sein, trotz der Steuerzuschüsse. 54% der Deutschen glauben laut einer Umfrage bereits heute an den Rentenkollaps.

Die Jahre bis 1925 gelten noch als die „leichteren" Jahre. Die FDP und andere propagieren als Lösung die private Vorsorge, aber ein Drittel der derzeit Lebenden hat dazu gar nicht die Mittel. Die übrigen mögen sich die enorme Summe ausrechnen, die angespart werden müsste.

Auch sollte bedacht werden, dass die Kosten einer Pflegebedürftigkeit mit Heimaufenthalt so hoch sind, dass die eigene Rente fast niemals ausreicht. In Deutschland sind aber heute bereits 3,4 Millionen Menschen pflegebedürftig, da hilft der Verschiebebahnhof zwischen den Sozialkassen auf die Dauer auch nicht weiter.

5.5 Friedrich Nietzsche ermuntert zur Tapferkeit

In dem kleinen Beitrag unmittelbar vor diesem hier (Leitfrage 4 ‚Wiedergeburt') wurde die naturalistische Sicht auf den Tod thematisiert. Eine Sichtweise, die der theologisch-metaphysischen Auffassung vom Tod und einem Danach deutlich entgegensteht. Gott ist hier nicht mehr im Spiel, Vorstellungen von einer Erlösung in ein ewiges und seliges Leben (oder die Furcht vor einer bleibenden

Verdammnis und Hölle) gelten in einer naturalistischen Sicht als irreführende Mythologie.

Eben diesem Naturverständnis entspricht auch die Denk- und Vorstellungswelt Friedrich Nietzsches, dem Wortschöpfer der Rede vom freien Tode, der Rede vom Freitod. Nietzsches Welt ist eine Welt ohne jede himmlische Perspektive. Zugleich aber ruft er dazu auf, nicht nihilistisch-resignativ zu reagieren, dass Gott nun tot ist. Ihm steht dabei ein ‚Übermensch' vor Augen, trotzig und entschieden im Leben sich bewährend, sowie stark in seinem Sterben.

Sich vehement gegen die Tradition der christlich-abendländischen Philosophie zu stellen, den Heroismus der Antike wiederzubeleben und ein Grundgefühl für das archaisch-dionysische Sein erneut zu erwecken, darauf kam es dem Professor für Altphilologie Friedrich Nietzsche an. Er wollte die Selbstverwirklichung der Besten. In neuerer Zeit hat Botho Strauss mit seinem ‚Anschwellenden Bocksgesang' wortstark das dionysische Starksein hervorgekehrt.

Die Rede „Vom freien Tode" aus dem Zarathustra-Buch muss hier nicht noch einmal angeführt werden. Sie ist vielfach abgedruckt worden und zumindest allen Nietzsche-Lesern wohlbekannt. Nietzsches Diktum lautet, „Stirb zu rechten Zeit!" Halte nicht fest an einem überlangen Leben.

Den Verzweiflungssuizid aber, oder eine Selbsttötung aus einem resignierenden Lebensüberdruss wollte er nicht als angemessen gelten lassen. Nietzsche verstand sich als ein Prediger des Lebens, in das er den Tod ganz und gar eingebunden sah.

Das Leben sei Leiden, gewiss, aber nur Feiglinge laufen vor diesem Leidensdruck davon. Wer von seinem Leben davon läuft, wer sagt, das Leben sei doch im Grunde überhaupt nicht wert zu leben, wer aus dem irdischen ‚Jammertal' fliehen will, ein erlösendes Jenseits sucht, ist für Zarathustra ein Prediger des Todes.

In der nämlichen Zarathustra-Rede, „Von den Predigern des Todes" wird deshalb allen, die das Leben nicht so annehmen können, wie es nun einmal ist, die verachtende und zynische Empfehlung gegeben: dann macht euch doch davon. - Möglicherweise bleiben dann allerdings für den heroischen Freitod nur wenige übrig.

Die naturalistische Sicht auf den Tod vermochte Nietzsche kurz und prägnant so zu formulieren: „Der Tod ist nicht der Feind des Lebens, sondern das Mittel durch welches die Bedeutung des Lebens offenbar gemacht wird." Mit seinem

Freitod verbeugt sich also der Mensch vor dem gewaltigen Horizont des ganzen Lebens aus Geburt, Dasein und Tod. Wer das Leben in seiner Ganzheit bejaht, sollte lernen, seinen Tod zu lieben. Todesfurcht hat nach Nietzsche nur der Kleingeist.

„Der Tod wird erst furchtbar durch den Hintergrund, den man ihm gibt. Wie die Liebe eine beseligende Traumwelt, so erzeugt die Furcht eine höllische Traumwelt. Der irregeleitete Verstand erzeugt die Schrecken. Man soll den Tod nicht überwinden, wohl aber bestehen lernen." (Nietzsche) Dieser Aufruf zur Tapferkeit klingt allerdings für weniger Heldenhafte nicht gerade begeisternd und auch wenig trostreich.

Es gibt aber keinen himmlischen Trost mehr. Die Erde gilt allerdings auch nicht länger als ein Jammertal. Es gelte, sich auf dieser Erde des Menschen zu beheimaten. Montaignes Stärke des tapferen Annehmens und sein starker Wille unser Leben, so wie es ist, zu lieben, sah Nietzsche als vorbildlich an. In diesem Sinne formuliert auch Khalil Gibran: „Geburt und Tod sind die beiden edelsten Ausdrücke der Tapferkeit."

Trost und Einverständnis findet in dieser Perspektive nur der, der sein Leben und Sterben nicht mehr aus der verengten Sicht seiner eigenen, vorübergehenden Individualität sieht. Wenn du dich aufgehoben fühlst im Fluss - man denke an Hermann Hesses Siddhartha – wenn du dein kleines Leben nicht mehr so wichtig nimmst, dann wirst du stark wie ein Baum. Eine durchaus unchristliche Einstellung.

Eine schöne Formulierung, die in diese Richtung weist, findet sich bereits 1769 bei Denis Diderot: „Das Bewusstsein und das Leben sind ewig. Alles was lebt, hat immer gelebt und lebt ohne Ende. Der einzige Unterschied, den ich zwischen dem Tod und dem Leben sehe, ist, jetzt leben sie als Ganzes, und in zwanzig Jahren in Moleküle aufgelöst und zerstreut, sozusagen stückchenweise."

Für das 18. Jahrhundert waren das mutige Sätze, wenn man beispielsweise bedenkt, welch kirchenfromme Positionen zum „Selbstmord" damals Immanuel Kant vertreten hat (vgl. LF 2 (7)).

Sobald du mit den konkreten Vorbereitungen für deinen Freitod beginnst, wirst du die Rede von der Tapferkeit ernst nehmen. Hier am Beitragsende noch einige Sätze von Rainer Maria Rilke:

„Jetzt heißt es ... den Tod ... zum Leben hinzuzunehmen, als ein nicht mehr Abzulehnendes, nicht länger Verleugnetes. Reiß es an dich, dieses Entsetzliche.

… Geh mit dem Tod um, oder halt wenigstens still, so dass er ganz nahe kommen kann, das immer verjagte Wesen des Todes, und sich dir anschmiege.“

6 Das Leben vereinnahmt - wie steht es um Deine gefühlten und um die „tatsächlichen" Unentbehrlichkeiten?

6.1 Alterssuizid und Bilanztod

Wählen wir als erstes einmal die Heim-Perspektive. Nehmen wir an, du bist in einem Altenheim gelandet, zunächst vielleicht nur im betreuten Wohnen, dann in die ggf. angeschlossene Vollzeitpflege. Wie steht es nun um deine Unentbehrlichkeit?

Für die allgemeine Gesellschaft (s. die Rede vom ‚Gesellschaftsargument') wird dein Tod keinen Verlust mehr bedeuten, im Gegenteil, deine Kranken- und Pflegekasse wird sich freuen. Vom Oberbürgermeister deiner Stadt kommt bei runden Geburtstagen eventuell noch ein wie echt aussehendes Glückwunschschreiben.

Gesamtgesellschaftlich gesehen bist du in jedem Fall eine Last geworden. Je nun, und was die Rede betrifft, du seist für deine Mitmenschen eben noch da, damit diese sich in Liebe üben können - ein Argument, das gern auch religiös überhöht wird - so trifft das für das Pflegepersonal im Heim schon mal kaum zu.

Dort tun die Leute, so gut es eben geht, ihre Pflicht und sie verdienen ihr Geld damit. Überlastet und schlecht bezahlt werden sie in den Fortbildungen zudem dahingehend unterwiesen, auf eine „professionelle Distanz" bei ihrer Arbeit zu achten. Das ist auch notwendig, denn die Alten klammern oft heftig. Verbissen sind sie oft darum bemüht, liebevolle Zuwendungen erhalten. Besonders groß wird der Druck auf die unmittelbaren Angehörigen. Liebe kann auch erzwungen werden.

Ab und an besucht dich noch ein Enkelchen und deine ebenfalls schon ziemlich alten Kinder tun für dich Notwendige, damit denn alles „insoweit klappt." Mag sein, dein persönlicher Fall liegt ganz anders, mag sein.

Jahrelang kaserniert im Heim, ist das nicht eine Horrorperspektive? Keine Seniorenbespaßung, wie sie ja stattfindet, kann darüber hinweg täuschen. Natürlich kannst du dich relativ frohgemut auf deinen übermächtigen Vitaltrieb stützen. Vielleicht sagst du, „solange ich noch Fernsehen und Schokolade essen kann, will ich weiterleben."

Über das Demenzproblem (50% aller Heiminsassen) und das dort verabreichte medikamentöse Zwangskorsett (Psychopharmaka, Neuroleptika) wollen wir erst gar nicht reden. Die ganze Misere lässt sich leicht googlen und in YouTube- Clips ansehen. Der „Pflegenotstand" ist zu einem gängigen Terminus in der politischen Debatte geworden. Aber wer will da schon genauer hinsehen?

Im Schnitt arbeiten ausgebildete Pflegekräfte in ihrem Beruf nur 10 Jahre. Dann sind sie ausgebrannt. 2030 werden in Deutschland 300.00 Pflegekräfte fehlen. Vielleicht hast du das „Glück, selbst des Öfteren selbst Heimbesuche zu machen. machen zu müssen. Aber auch, das, was bei den ambulanten Pflegediensten abgeht, ist oft eine Katastrophe.

Also beschließt du, dieses Leben rechtzeitig zu verlassen. Richtest du damit gesellschaftlich betrachtet einen Schaden an? Die Rede vom „Lebensschutz", also von deiner und von einer gesellschaftlichen Verpflichtung, „das" Leben auf Biegen und Brechen „zu schützen" ist eine hergeholte Ideologie. So etwas muss man schon glauben, und die konkrete Realität sollten sich die Lebensschützer besser nicht ansehen.

Der frühere Bundesminister Norbert Blüm, ein gläubiger Christ, sprach einmal davon, früher hätten die Menschen ein Gespür für ein soziales, rechtzeitiges Ableben gehabt. „Heute jammern sie sich bis 90 durch." Mittlerweile oft noch länger.

Ja klar, der Tod eines Menschen ist immer ein Lebensabbruch. Du wirst zu einem Trauerfall. Manche behaupten nun, ein Suizid sei für die Trauernden schwerer zu verkraften als der ‚normale' Tod. Mag sein, aber weitgehend ist dies eine Spekulation auf dem Hintergrund einer Gesellschaft, die den Suizid tabuisiert hat, ihn verdrängt und verachtet.

Von dem Traum Nietzsches, wir würden den Freitod feiern lernen, sind wir noch sehr weit entfernt. Aber der sozialen Bindung an deine Mitmenschen kannst du im Falle des Falles auch gerade dadurch gerecht werden, dass du dich als Last aufhebst. Die demographische Inflation hat keine Zukunft. In dem du mit deinem Freitod ein Beispiel gibst, erweist du der Gesellschaft einen letzten Dienst.Hier noch ein kleines Gedicht, das ich vor ca. 10 Jahren meiner fast 95jährigen Mutter schrieb und ihr ins Heim brachte, in einer Lebenslage voller Konflikte:

Du bist ganz alt, ganz schwach,
nicht mehr Herr im Haus deiner Sinne.
Pflegedienste verwalten, höflich und bezahlt.
Durch Versorgungsmühlen gedreht
wird dein gebrechlicher Körper.
Was dir noch blieb, ist eine Last zu sein.
Wütend kämpft das Ego um anerkannte Würde,
doch die Siege von früher zählen nicht mehr.
Es wird Zeit zu danken
für jeden Blick ins Tageslicht
und Zeit zu denken an jenen Ort,
wo alles nichtig wird, wo kein Sieger siegt,
wo demütiges Sein statt Haben wirkt.

7 Beuteln Dich auch innere Ängste und Zweifel?

7.1 Die Todesangst und der Vitaltrieb

Aber ja doch, es ist ein Abschied, nein, es ist ein Abbruch. Wer da keine Unsicherheit, keine Wut, keine Trauer, keine Ängste empfindet und keine tief sitzenden Bedenken hat, der ist ein Übermensch, wie ihn Nietzsche gerne gehabt hätte.

Vielleicht hast du wie ich schon öfters den melancholischen Song von Terry Jacks vor dich hin gesummt,

Goodbye my friend is hard to die

When all the birds are singing in the sky…

(Mach´s gut mein Freund, ist schwer zu sterben, während all die Vögel im Himmel singen.)

Wir denken mit unserem Kopf, leben aber in unseren Gefühlen. „Genug ist genug" zu sagen ist nicht leicht, es ist schwer. Selbst wer auf einem pathologischen Suizidtrip ist, wird gebeutelt von Ängsten und Zweifeln. (Vgl. Anais Miller, Endstation Freitod, 2018.)

Die beiden Angelpunkte, bzw. die beiden Quellen, aus denen unsere Zweifel und Ängste hervorgehen, sind unsere Todesangst und unser unbedingter Wille zum Leben, der Vitaltrieb. Sie verstärken sich gegenseitig. Philosophische Gedankengebäude wurzeln darin, wie ebenso die großen Mythen und Mythologien. Und sie lassen uns in Furcht und Hoffnung leben (siehe dazu auch LF 3).

Wenn wir im Sinne einer guten Psychohygiene mit uns umgehen wollen, müssen wir leider beide, die Todesangst und die Lebensgier, als uns zugehörig und naturgegeben akzeptieren und bearbeiten. Insofern war Epikurs Gedankengang, die Todesangst als abwegig zu bezeichnen, weil wir den Tod gar nicht als schrecklich empfinden können, denn wir sind ja dann tot, zwar pfiffig, aber es war dies eine bloß rationale Überlegung.

Gleichwohl, wir wollen einen rational und vernünftig begründeten Suizid. Welche Art von Vernunft kann damit gemeint sein? Da geht bekanntlich einiges durcheinander. Sollten wir den alten Griechen beipflichten und die Vernunft als etwas „Höheres" verstehen, als die sog. höhere Vernunft, reserviert für besondere Menschen, wie etwa Plato es war oder für sich beanspruchte? Wie hoch soll es denn sein? Eine höhere Vernunft, die uns quasi gottgleich macht? Auch im klassischen Griechenland entstand da aber ein Hybris-Problem. Wer gottgleich sein wollte, wurde als Frevler mit dem Tode bestraft. - Kurzum gesagt, die Rede von der „höheren Vernunft" war die Rede von einem in sich widersprüchlichen Mythos. Einsehbar, dass wir bei der menschlichen Vernunft und ihrer Begrenztheit bleiben sollten.

Im Frührationalismus (der Humanismus im 15. Jh.) und dann im Spätrationalismus (17./18. Jh.) kam es bekanntlich zu einer überbordenden Begeisterung für das Rationale. Die Rationalität schwupp die wupp mit ´Vernunft´ gleichzusetzen war kühn und war problematisch. Man denke nur an den Vernunftkult in der Französischen Revolution. Hier und anderswo feierte der Vernunftkult in der Moderne eine befremdliche Wiederkehr.

Auf eine „höhere Vernunft" gleich welcher Art kann sich unsere Suizidabsicht demnach nicht stützen. Befleißigen wir uns besser einer geistigen Demut. (Vgl. H. O. Leng, Die Dimensionen der Demut, 2015.) Geben wir uns zufrieden mit einer Vernunft, wie sie im Angelsächsischen gut mit Common Sense umschrieben ist.

Mit dem Common Sense an eine Frage heranzugehen, bedeutet zu einem handlungsrelevanten Urteil kommen zu wollen. Sicherlich geht das nicht ohne zu denken, aber dieses Denken muss unsere Gefühle und unser Wollen mitnehmen. Vernunft ist mehr als Verstand. Aus sich heraus kommt der Verstand zu keinen lebenspraktischen Entscheidungen, weil er sich lediglich in Funktionalitäten, in Proportionalitäten, zuweilen dann auch in Vergleichen und Analogien bewegen kann. Am Ende kommt er zu Schlussfolgerungen. Ein Schluss ist aber bekanntlich kein Urteil.

Der Verstand führt uns zudem in den Stolz. Stolz kann ängstigen, zumindest führt er in die Angst, ihn zu verlieren. Unser Intellekt baut eine Ich-Burg, auf die wir stolz sind, auch im Sterben wollen wir diesen Stolz dann nicht verlieren. Außerhalb dieser Burg fluten die Gefühle und Triebe. Sie führen nicht nur selbst ein schwieriges Eigenleben, sie haben auch die Aufgabe, für den Verstand ein Korrektiv zu sein. Einen rein rationalen Suizid gibt es nicht.

Zunächst einmal ist ohnehin alles ausgerichtet auf das Verleugnen und Verdrängen. „Solange wir nicht wissen, wie wir gestorben sind, glauben wir nicht, dass wir überhaupt sterben können." (Johannes Schneider) Mag sein, dies ist ein Wortspiel. Aber wissen wir denn, wann und wie wir sterben wollen?

Wir sind ja in der Weise sozialisiert worden, dass das Sterben und der Tod in unserem Leben kaum noch sichtbar wird. Jeder Tod gilt als ein Betriebsunfall, wie er nicht vorkommen sollte. Ein temporärer Schreck, ein vielleicht auch heftiges Bedauern, „und das Leben geht weiter."

Christian Schüle, Wie wir sterben lernen, 2013, stimmt ein langes Klagelied über unsere sterbefeindlichen gesellschaftlichen Strukturen an. Er breitet dabei die bekannten sozioökonomischen Analysen aus, wie wir sie aus der Frankfurter Schule kennen. Eingespannt in funktionsgetrimmte Anforderungsprofile, entfremdet und instrumentalisiert, sind wir damit beschäftigt uns am Leben abzuarbeiten. Belastbarkeit ist das Kriterium, wenn wir uns dabei miteinander vergleichen.

Gleichzeitig wollen wir möglichst viel Lustgewinn, ganz viel „Spaß", herausquetschen. Unser Zeitbudget erscheint uns dabei immer kleiner zu werden, und wir versuchen, auch gegen dieses Ärgernis anzugehen. Wir leben heute insgesamt doppelt so schnell wie vor 200 Jahren und leben zugleich doppelt so lang. Kann das Leben überhaupt zu kurz sein? Seneca hatte dies entschieden verneint. Unser Leben aber ist maßlos geworden.

Gleichzeitig ist ein solcher funktionsgetrimmter, technikgestützter und auf eine merkwürdig anmutende Endlosigkeit ausgerichteter Lebensentwurf wahrlich nicht geeignet, unsere Angst vor dem Tod kleiner werden zu lassen.

Allerdings ist es indes auch angebracht, den Blick durch die Brille Adornos zu relativieren. Keine Frage, wir leben in höchst fragwürdigen instrumentalisierten Verhältnissen, aber die sozioökonomischen Analysen, so richtig sie als solche auch sind, erfassen ja den konkreten einzelnen Menschen allenfalls zu Hälfte. Vielleicht lässt sich dies gut verdeutlichen, wenn wir den etwas exotisch anmutenden Vergleich zum gegenwärtigen Iran ziehen.

Die Menschen dort wissen, was „das System" von ihnen erwartet und verlangt. Sie wissen aber auch, was liberal, ja libertär ist. „Draußen" verhält man sich religiös streng angepasst und konform, hinter den Mauern des Privaten, drinnen, gibt es ein deutlich anderes Leben. Gegen Adorno ist einzuwenden, der generalisierende Blick auf „die Strukturen" kann auch täuschen . Es gibt ein richtiges Leben auch im Falschen.

Wenn die „Strukturen" in ihrem Eigendasein den Tod im Grunde nicht mehr zulassen, ihn lediglich noch als einen Betriebsunfall sehen, können wir selbst uns gleichwohl persönlich von dieser Sichtweise distanzieren. Seneca unterschied zwischen „den Weisen“ und den vielen „Törichten“. Unsere Todesangst ist damit noch nicht verschwunden, aber wir können sie souveräner in uns bearbeiten.

Das bleibt indes schwierig. Noch schwieriger wird es, wenn wir nun noch den Vitaltrieb hinzunehmen. Die Natur gefällt sich in einem Paradoxon; jedem einzelnen ihrer Lebewesen pflanzt sie einen unbändigen Lebenswillen ein, die Sehnsucht und den Willen zu einem ewigen Leben - und gleichzeitig stellt sie unser reales Leben unter das das Diktat der Sterblichkeit.

Die „weise Mutter Natur“ (Montaigne) räumt so ihren Kindern nur eine begrenzte Lebenszeit ein, gleichzeitig aber auch die Idee und Illusion von einem ewigen Leben. Diese Illusion wird auch dadurch verstärkt, dass „das“ Leben als solches ja tatsächlich in alle Ewigkeit fortzudauern scheint. Ein Widerspruch, der emotional nur schwer zu akzeptieren ist. Theologisch und philosophisch bedarf es dann einiger Verrenkungen ihn zu bearbeiten. Warum sollte ein Lebewesen sich nicht ständig regenerieren können, wo doch das Leben als solches ein permanenter Erneuerungsprozess ist? Der Transhumanismus lässt grüßen.

Unser Ego will leben, leben, leben. Wir nehmen den Druck des Vitaltriebs zumeist nicht wahr, aber zahlreiche unserer Gedanken und Gefühle werden von ihm affiziert. Es kommt zu einer Lebenspraxis, mit der wir das Leben unermüdlich antreiben, um gleichzeitig von diesem Leben getrieben zu sein.

Seneca wurde in seinen Schriften nicht müde, unablässig diejenigen Menschen zu loben, die die Furcht vor dem Tod überwunden hatten. Dem Zeitgeist der Antike entsprechend kam dabei stets etwas Heroisches in Spiel. Wer es vermochte, die „Ketten des Lebens“ (so Seneca) zu verachten und seinem Freitod mit heiterer Gelassenheit entgegen zu gehen, hatte seine volle Bewunderung. Diese Betonung des Heroischen war in der Antike stets gegenwärtig und der Freitod galt durchaus als eine bewunderungswürdige Tat.

Es waren tyrannische Zeiten damals. Die Todesstrafe wurde sehr oft und häufig auch willkürlich verhängt. Die Kreuzigung war dabei noch eines der „humaneren“ Hinrichtungsverfahren. Die heroische Selbsttötung der stoischen Philosophen wurde also durchaus geachtet; selbstverständlich und naheliegend war sie jedoch auch damals nicht.

Unsere heutige Ratgeberliteratur macht es sich ja recht einfach. Sie empfiehlt, die negative Gefühle und Ängste sowie auch die problematischen Triebe zunächst zuzulassen, sie sich bewusst zu machen, um sie dann gelassen loszulassen. Schön, schön. In gewisser Weise hatten es die Menschen in der Antike leichter.

Der Suizid war nicht tabuisiert, und verlorene Ehre war allemal ein honoriger Grund, sich das Leben zu nehmen.

Wer heute Suizid begehen will, muss sich zunächst mit dem verqueren Geist der Zeit auseinandersetzen, er kann auch nicht mehr mit einem besonderen Stolz dahin scheiden, er muss sich demütig und klein machen. Dies stößt auf den energischen Protest unseres Egos im Inneren. Warum sollte ich mich für unwichtig und verzichtbar erklären, wo ich doch ganz offenkundig (zumindest für mich selbst) unverzichtbar bin?

Ich, nur ein beliebiges Staubkorn im Universum? Theoretisch kann ich dem umstandslos zustimmen, ja, richtig, selbst die gesamte Menschheitsgeschichte wird in der Geschichte des Kosmos allenfalls ein Wimpernschlag gewesen sein. Emotional und von meinem Vitaltrieb her kann ich mich damit nicht abfinden.

Gefühle lassen sich sublimieren. Bei der Angst ist dies aber offensichtlich besonders schwierig. Schier unmöglich scheint aber eine Sublimierung des Lebenstriebs zu sein. Bedürfnisse lassen sich zwar verfeinern, und Hegel meinte sogar, erst durch das Ausgestalten und Verfeinern unserer Bedürfnisse würden wir zivilisierte Menschen mit Kultur. Mag sein, hat aber auch Schattenseiten.

Der Vitaltrieb ist ohnehin deutlich mehr als ein einzelnes Bedürfnis. Er ist in einer elementaren Weise da, und erst der tatsächliche Eintritt unseres Todes wird ihn auflösen. Man kann dies dann mit Seneca als eine Befreiung begreifen.

7.2 Die Todesfurcht als Maske

Besonders in dem Aufsatz, Soll der Mensch in Furcht und Hoffnung leben? (s. hier im Blog) wurde deutlich, wie sehr besonders in der Religionsgeschichte unsere kleine Todesfurcht mythologisch aufgeblasen wurde. Mit Ängsten zu spielen, ist ein bekanntlich verlockendes Spiel.

Die beiden großen Stoiker, Epiktet und Seneca benutzten das Bild von der Maske, um deutlich zu machen, dass die Todesfurcht lediglich eine aufgesetzte Irritation ist.

Epiktet:

„So wie die Masken den Kindern - wegen ihrer Unerfahrenheit - furchterregend und schrecklich erscheinen, so sind wir (die Erwachsenen) in ähnlicher Weise und aus den gleichen Gründen wie die Kinder durch Schreckgespenste betroffen

… Was ist der Tod? Eine unheimliche Maske. Nimm sie ab – siehe da, sie beißt nicht."

Seneca:

„Was du bei Kindern feststellen kannst, das widerfährt auch uns etwas größeren Kindern: Sie fürchten sich vor denen, die sie lieben, an die sie sich gewöhnt haben, mit denen sie spielen, wenn sie sie maskiert erblicken; nicht nur Menschen, sondern auch Dingen muss die Maske abgenommen und ihr eigentliches Gesicht zurückgegeben werden."

Das eigentliche Gesicht des Todes aber ist seine Belanglosigkeit. Mit dieser Sicht Montaignes lässt sich deutlich besser leben und sterben.

Das Bild von der Maske bei diesen beiden antiken Denkern, soll natürlich eine Hilfsfigur sein. Es kann uns helfen, die Todesangst als etwas zu sehen, worüber wir uns täuschen.

An sich muss es darüber hinaus inhaltlich keine Analysen geben. Die Todesfurcht ist als eine emotionale Erregung, wie bereits Arthur Schopenhauer hervorhob, die Kehrseite unseres Lebenstriebs. Natürlich kommst du in Schwierigkeiten, wenn du diese Furcht pflegst, wenn du sie ausmalst.

Über die kirchliche Lehre hinaus, wurde dies ja im Mittelalter getan. Zur Todesangst trat die Höllenangst, sie lässt sich prächtig ausmalen. Ein besonders beeindruckendes Beispiel ist hier Dantes Göttliche Komödie.

7.3 Loslassen

Loslassen Loslassen Loslassen Loslassen Loslassen Loslassen Loslassen Nicht festhalten …

7.4 Nicht Knecht sein

Der Verstand kann ja leider keine Gefühle steuern. Aber eine reflektierende Beschäftigung mit einem aufwallenden Gefühl, auch gerade in seinem Vorfeld, kann das Gefühl dämpfen. Dämpfen lässt sich also auch die Todesfurcht. „Wer sterben gelernt hat, hört auf, ein Knecht zu sein." (Epikur)

8 Sterbebegleitung und Garantenpflicht - was ergibt sich aus dem § 217?

8.1 Sterbehilfe

Reichlich verkrampft ist sie noch immer, die Debatte um Sterbehilfe, um Sterbehelfer(innen) und das ganze Drumherum. Der fragliche § 217 StGB wurde 2015 vom Bundestag verabschiedet, um den Sterbehelfern (Dignitas, Kusch, Arnold, Puppe u. a., es waren nicht viele) „das Handwerk zu legen". Sie waren insofern gewerbsmäßig unterwegs, als sie eine geldliche Entschädigung für ihre Hilfe vereinnahmt haben.

Nun aber heißt es im § 217, dass auch eine „geschäftsmäßige" Sterbehilfe unter Strafe steht. Geschäftsmäßig handelt bereits, wer unter Umständen die Absicht hat, seine Hilfe zum Sterben auch zu wiederholen. Vor der Verabschiedung des Paraphen 217 war in Deutschland eine ärztliche Hilfe beim Suizid straffrei! Aber die Ärztekammern sahen das stets kritisch, einige legten fest, Ärzte dürfen nicht ..., andere formulierten, Ärzte sollen nicht ... Dabei spricht die erstere Formulierung ein Verbot aus, während jenes ‚sollen nicht' lediglich eine Aufforderung meinte.

Immerhin ist es in Deutschland noch erlaubt, frei über den Suizid zu schreiben und zu reden. In Österreich ist man wie es scheint noch pingeliger. Jedes Gespräch über den Suizid, kann man theoretisch auch als eine „Beratung" einstufen und diese Beratung dann als eine geschäftsmäßige Sterbehilfe ansehen. Oh weiha.

Wir müssen uns immer vor Augen halten, dass es nach gängiger Auffassung bereits als ‚krank' gilt, wenn jemand auch nur den Wunsch äußert, sterben zu wollen. Ein solcher Sterbewunsch wird als „unnatürlich" eingestuft und muss im Keim erstickt werden. Er ist als Zeichen einer psychischen Störung zu sehen, und diese, zumeist als Depression betrachtet, lässt sich doch medikamentös behandeln ...Hinzu kommt vor allem das ‚Erdrutsch-Argument'. Wehret den Anfängen, seht euch die fürchterlichen Zustände in Belgien, Holland, Oregon usw. an. In der Suizidfrage wird „liberal" zu einem Schimpfwort.

Wichtig ist für dich vor allem eines: die sogenannte Tatherrschaft muss allein bei dir liegen. So verfährt auch Exit in der Schweiz. Der/die Sterbewillige muss den letzten Akt allein ausführen, z. B. das Glas mit dem tödlichen Medikament selbsttätig zum Mund führen, oder den Hahn an der Flasche selbst aufdrehen. - Das aber kann schwierig werden, wenn die Kraft dazu bereits fehlt.

Dem Wortlaut des § 217 gemäß dürfen ‚Nahestehende', also Verwandte und gute Freunde bei deinem Sterben anwesend sein und dich begleiten. Hilft dir aber beim Sterben jemand von ihnen unmittelbar und bis zum Finale, kann der/ die u. U. kriminalisiert werden. Es könnte dies dann sogar als eine „Tötung auf Verlangen" auslegbar sein und der § 216 StGB schlägt zu. - Mach' dich nicht verrückt, weder vor der Verabschiedung des § 217 noch danach hat es hier bisher einen Strafprozess gegeben.

Anzuraten ist also, das Sterben und die gegebene ‚Tatherrschaft' sorgfältig zu dokumentieren. Durch eine entsprechende Versicherung seitens des Suizidenten (Verweis auf die eigenständige Vorbereitung und Durchführung) sowie mit einer Kamera. Du musst also noch fit sein für dein Sterben, sonst bleibt dir nur Plan B, das Sterbefasten. Dieses wiederum ist nicht so ganz leicht.

8.2 Der deutsche § 217

Der Philosoph und Vorstandssprecher der Giordano-Bruno-Stiftung Michael Schmidt-Salomon hat in der mündlichen Verhandlung zu den Verfassungsbeschwerden gegen § 217 StGB die ersatzlose Streichung des Paragraphen gefordert. Wir dokumentieren seine Stellungnahme im Originalwortlaut:

Herr Präsident,

sehr geehrte Richterinnen und Richter des Bundesverfassungsgerichts!

Die Würde des Einzelnen ist dadurch bestimmt, dass der Einzelne über seine Würde bestimmt - nicht der Staat oder die Kirche. Deshalb muss der Rechtsstaat dafür sorgen, dass die Pluralität der Würdedefinitionen der Bürgerinnen und Bürger in der Gesetzgebung berücksichtigt wird. So muss der Staat es einem strenggläubigen Katholiken ermöglichen, den Überzeugungen von Papst Johannes Paul II. zu folgen, der meinte, das Leben sei ein "Geschenk Gottes", über das der Mensch nicht verfügen dürfe. Ebenso muss der Gesetzgeber es aber auch einem Anhänger der Philosophie Friedrich Nietzsches erlauben, "frei zum Tode und frei im Tode" zu sein.

Das Bundesverfassungsgericht hat bereits 1965 darauf hingewiesen, dass nur ein Staat, der das Gebot der weltanschaulichen Neutralität beachtet, eine "Heimstatt" aller Bürgerinnen und Bürger sein kann. Genau dies aber wurde bei der

Verabschiedung von § 217 StGB ignoriert. Denn dieser Paragraph privilegiert die Sittlichkeitsvorstellungen einer religiösen Minderheit und diskriminiert all jene, die diese Vorstellungen nicht teilen. Man mache sich diese Ungeheuerlichkeit bewusst: Während 80 Prozent der Bürgerinnen und Bürger für mehr Selbstbestimmung am Lebensende plädierten, beschlossen deren parlamentarische Vertreter die massive Beschneidung dieses Selbstbestimmungsrechts, indem sie kompetente Freitodbegleitungen unter Strafe stellten.

Dass § 217 nicht weltanschaulich neutral ist, erkennt man schon an seiner Entstehungsgeschichte. Die Vorlage für das Gesetz stammt von einer kirchennahen Stiftung, die vom Malteserorden gegründet wurde. Führende Protagonisten des Gesetzes wie der damalige Gesundheitsminister Hermann Gröhe (CDU) oder die SPD-Abgeordnete Kerstin Griese begründeten ihre Haltung nicht zuletzt mit ihrem christlichen Glauben.

Eine "Rechtspflicht zum Leben"?

Dass die weltanschauliche Schieflage von § 217 vielen Parlamentariern nicht bewusst war, lag wohl auch daran, dass die Gesetzesvorlage das Recht auf Suizid nicht unmittelbar angriff, sondern bloß mittelbar. De jure kriminalisiert § 217 den Suizid nicht als solchen, de facto aber läuft die Untersagung der ärztlichen Suizidhilfe auf ein menschenrechtswidriges Verbot der Selbsttötung und somit auf eine "Rechtspflicht zum Leben" hinaus, was sich der Staat nicht anmaßen darf.

Man kann sich diesen Sachverhalt verdeutlichen, indem man die Regelungen des § 217 auf die Bestimmungen zum "Schwangerschaftsabbruch" überträgt: Stellen Sie sich eine Neufassung von § 218 StGB vor, die schwangeren Frauen nicht per se die Möglichkeit zum Schwangerschaftsabbruch verwehrt, sie aber dazu zwingt, die Abtreibung entweder alleine vorzunehmen oder dabei auf die Hilfe von Personen zurückzugreifen, die auf diesem Gebiet nicht geschäftsmäßig, also nicht professionell handeln, weil sie keine Ärzte sind! Natürlich ließe sich eine solche Regelung (der Frauenbewegung sei Dank!) niemals durchsetzen. Schwerstleidende Patienten haben jedoch keine vergleichbare Lobby, weshalb man sie nun dazu zwingt, entweder auf ihr Selbstbestimmungsrecht zu verzichten oder sich der Gefahr auszusetzen, ihr Leben ohne professionelle ärztliche Hilfe in unwürdiger, qualvoller Weise zu beenden.

Es wäre ehrlicher gewesen, das "Gesetz zur Strafbarkeit der geschäftsmäßigen Förderung der Selbsttötung" als "Gesetz zur Strafbarkeit der kompetenten

Unterstützung schwerstleidender Menschen" zu bezeichnen. Denn genau darum handelt es sich: Normalerweise verlangen wir in Situationen, in denen es um Leben und Tod geht, die Anwesenheit von Experten, die genau wissen, was sie tun, und die Kriterien ihrer Entscheidungen in einer nachvollziehbaren Weise offenlegen. Nur bei der Suizidassistenz sollen ausgerechnet Laien ohne Fachwissen und ohne Transparenzkriterien tun dürfen, was Experten verboten ist.

§ 217 dient nicht dem Lebensschutz

Damit liefert das Gesetz schwerstleidende Personen einem ungeheuren Risiko aus - nicht nur, weil Laien in der Regel nicht wissen, was sie tun, sondern auch, weil viele Betroffene sich nun nur noch an ihre Angehörigen wenden können, welche - im Unterschied zu Ärzten - tatsächlich ein wirtschaftliches Interesse am vorzeitigen Ableben ihres Verwandten haben könnten. § 217 StGB dient also nicht dem "Lebensschutz", wie so oft behauptet wird, sondern vielmehr selbsternannten "Lebensschützern", die überkommene religiöse Normen über das Selbstbestimmungsrecht des Einzelnen stellen.

In diesem Zusammenhang sollte ein wichtiges Argument beachtet werden, auf das mein Stiftungskollege, der Strafrechtler Reinhard Merkel, unlängst hingewiesen hat: § 217 statuiert ein sogenanntes "abstraktes Gefährdungsdelikt", welches unterstellt, dass die professionelle Suizidhilfe (im Unterschied zur Laienhilfe) mit der erhöhten Gefahr eines "unfreien" Suizids einhergeht. Diese Behauptung ist jedoch aus dem empirischen Nichts gegriffen. Zwar darf der Gesetzgeber "abstrakte Gefahren" definieren und verbieten; erfinden darf er sie aber nicht. Ich schließe mich daher Merkels Einschätzung an, dass § 217 StGB auch deshalb verfassungswidrig ist, weil "abstrakte Gefährdungstatbestände", denen keine wirkliche Gefahr zugrunde liegt, gegen das Schuldprinzip (Art. 1 Abs. 1, Art. 20 Abs. 3 GG) verstoßen.

Fakt ist: Es gibt kein nennenswertes "Geschäft mit dem Tod", wohl aber ein "Milliardengeschäft mit der Leidensverlängerung". Fakt ist auch, dass sämtliche Argumente, die zur Verteidigung des Gesetzes vorgelegt wurden, durch die Erfahrungen der Länder, in denen professionelle Freitodbegleitungen stattfinden, empirisch widerlegt sind. Mehr noch: Wir können nachweisen, dass das Angebot von Freitodbegleitungen die Palliativmedizin beflügelt und zu einer deutlichen Reduzierung von Verzweiflungssuiziden und -versuchen geführt hat. (Nebenbei: Dass in vielen psychologischen Gutachten nicht zwischen rationalen Bilanz-Suiziden und irrationalen Verzweiflungs-Suiziden unterschieden wird, lässt sich nur als Ausdruck einer - vielleicht unbewussten - weltanschaulichen Voreingenommenheit deuten).

Fazit: Die ersatzlose Streichung von § 217 StGB

Ich komme zum Schluss: Der Rechtsstaat darf nur dann in bürgerliche Freiheiten eingreifen, wenn er hierfür eine rationale, evidenzbasierte und weltanschaulich neutrale Begründung vorlegen kann. Dieser Begründungspflicht ist der Gesetzgeber nicht nachgekommen. § 217 StGB tastet ohne nachvollziehbare Begründung mehrere Grundrechte in ihrem "Wesensgehalt" an, nämlich die Artikel 1, 2, 3, 4, 9 und 12 GG. Und: Er steht zudem im Widerspruch zur Europäischen Menschenrechtskonvention. Ich verweise in diesem Zusammenhang nur auf das Urteil des EGMR im Fall "Haas gegen die Schweiz", das von einer "positiven Verpflichtung des Staates" spricht, "die notwendigen Maßnahmen zu ergreifen, die einen würdigen Suizid ermöglichen". § 217 zielt auf das exakte Gegenteil davon ab, er verunmöglicht einen "würdigen Suizid".

Der Deutsche Bundestag hätte das Gesetz niemals verabschieden dürfen, da die Gewissenformel der Verfassung, auf die sich viele Parlamentarier berufen haben, keineswegs auf das private oder gar religiöse Gewissen der Abgeordneten abzielt, sondern vielmehr auf das professionelle Gewissen von Berufspolitikern, die ihre Entscheidungen "als Vertreter des ganzen Volkes" nach "bestem Wissen und Gewissen" treffen sollten. Deshalb gibt es in diesem Fall nur eine verfassungskonforme Lösung des Problems, nämlich die ersatzlose Streichung von § 217 StGB! Eine verfassungskonforme Auslegung des Paragraphen ist unseres Erachtens nicht möglich, wie wir in unseren schriftlichen Stellungnahmen dargelegt haben.

Meine Damen und Herren, ich möchte schließen mit dem Hinweis, dass ich all dies nicht zuletzt auch im Namen der vielen verzweifelten Menschen vortrage, die mich in den letzten vier Jahren kontaktiert haben. Dabei handelte es sich keineswegs nur um Personen, die nah am Tod standen und einen würdigen Ausweg aus ihrer ausweglosen Situation suchten, sondern vor allem auch um Personen mit schwerwiegenden neurologischen Erkrankungen, die Angst davor haben, möglicherweise für längere Zeit - begraben im eigenen Körper - ein Leben führen zu müssen, das sie nicht führen wollen. Bitte bedenken Sie in ihrer Entscheidung die reale Not der Menschen, die auf "Letzte Hilfe" angewiesen sind! Diese verzweifelten Männer und Frauen haben das Recht, über ihr Leben und Sterben selbst zu bestimmen - ein Recht, das ihnen durch § 217 StGB in skandalöser Weise genommen wird! Ich danke Ihnen für Ihre Aufmerksamkeit.

Fundstelle:

https://hpd.de/artikel/ss-217-stgb-dient-nicht-dem-lebensschutz-sondern-selbsternannten-lebensschuetzern-16730

8.3 Eine neue Lage

Seit dem Februar 2020 hat sich durch den Spruch des Bundesverfassungsgerichts in der Frage des Suizids bei Wahrung einer unangetasteten Autonomie eine neue Lage ergeben. Wir hier im Blog, aber auch überall bei den sonstigen Engagierten, haben uns über den Paragraphen 217 erhitzt, zu Recht. Nun ist er also weg.

Insofern sind die Beiträge Leitfrage 3 und Leitfrage 4 nicht mehr durchgängig aktuell. Da sie indes eine Reihe von Aspekten grundsätzlicher Art über die Hintergründe der ganzen Sache enthalten, mögen sie für Interessierte hier stehen bleiben.

Wie sich die Lage nun, nachdem der § 217 für verfassungswidrig erklärt wurde , darstellt, wird mit der LF 8 aufgegriffen.

8.4 Der § 217 ist weg

Das Bundesverfassungsgericht ist in seinem Urteil vom 26. Februar 2020 nahezu vollständig der Argumentation der Kläger (siehe dazu Leitfrage 7 (3)) gefolgt. Es gibt keinen § 217 StGB mehr. Weiterhin gilt natürlich das Verbot einer Tötung auf Verlangen gemäß § 216 StGB.

Zwei ganz wichtige, ja geradezu revolutionäre Festlegungen hat das Gericht dabei getroffen. Die erste, Sterbehilfe ist nicht illegitim, die zweite, die Berechtigung eines Suizids kann nicht mehr mit dem Kriterium belegt werden, zuvor müsse das Weiterleben „unerträglich“ geworden sein.

Was die Sterbehilfe betrifft, hat das Gericht klar und lebenspraktisch darauf hingewiesen, dass gerade doch ein rationaler Suizid bei seiner Durchführung einer Begleitung und Hilfestellung durch einen Sterbehelfer, einer Sterbehelferin bedarf. Niemand kann einen blutigen Spontansuizid wollen. Das wird bei den Beratungsgesprächen, wie sie der Gesetzgeber, mit der Auflage, diese müssten ergebnisoffen sein, noch einrichten kann, zu berücksichtigen sein.

Also in jedem Fall weiter dokumentieren, dass die „Tatherrschaft" bei dem/der Suizidierenden lag. Das lässt sich mit einem kleinen Video festhalten. Ein Schriftstück zur Entbindung von der Garantenpflicht gibt es beim der DGHS.

Die „Unerträglichkeit" eines Lebens als Voraussetzung für eine Sterbehilfe war auch vor der Verabschiedung des § 217, die aus dem Jahr 2015 datiert, zum Beispiel für Dignitas Deutschland und ebenso für z. B. Exit in der Schweiz eine unumstößliche Voraussetzung und diese ‚Unerträglichkeit' musste durch Ärzte bescheinigt werden. Das ist weg; das Gericht hat darin ganz klar eine Bevormundung gesehen, die das grundlegende Recht auf eine Selbstbestimmung in der Freitodfrage illegitim einschränkt.

Diese Punkt wird auch international eine große Beachtung erfahren. Exit arbeitet schon länger an der Frage nach der Berechtigung eines von niemandem zu hinterfragenden Alterssuizids.

Die Lage ist also wesentlich entspannter geworden. Es nun einige Zeit ins Lande gehen, bis der Gesetzgeber eventuell zu neuen Regelungen für ‚Beratungsgespräche' im Vorfeld kommt. Und auch solche ‚Beratungsgespräche' werden nur für diejenigen interessant und nützlich sein, die auf einen ärztlich assistierten Suizid hoffen. Es geht auch anders (siehe Leitfrage 8).

9 Welche technischen und praktischen Vorkehrungen hast Du bereits getroffen?

9.1 Sanfte Selbsttötung

Weltweit ereignet sich ca. alle 40 Sekunden ein Suizid. Das sind rd. 800.00 Suizidtote pro Jahr und damit deutlich mehr als es pro Jahr Kriegstote gibt. Die Zahl der missglückten Suizidversuche ist 3x höher mit einer hohen Dunkelziffer, die hinzurechnen wäre. Die Medien sind aber angehalten, nicht über Suizide zu berichten.

Ein abgedrehter Sonderfall bist du also mit deiner Freitodabsicht nicht. Wenn du nun also dahin gekommen bist, dir konkret zu überlegen, wie du deine Freitodabsicht (oder soll es bis auf weiteres bei einer rein theoretischen Bejahung bleiben?) technisch-praktisch umsetzen könntest, wirst du einigen Aufwand zu treiben haben, dich solide kundig zu machen.

Unsere Absicht ist es in diesem Blog nicht, die technisch-praktische Seite in aller Ausführlichkeit abzuhandeln. Wir beschäftigen uns mit den psychischen Problemen. Denn ein Kurzschluss-Suizid kann nicht das Ziel sein; er ist zumeist dann auch technisch schlecht vorbereitet. Andererseits ist es nicht besonders gut, sich voll und ganz auf die technische Umsetzung zu fixieren und alle emotionalen und seelisch-geistigen Hindernisse einfach nur wegzuschieben. Die Angst vor dem Schritt in die Selbsttötung lässt sich mit einer perfekten technischen Antwort auf das Know How nicht kompensieren.

Es ist ein Segen, dass es sanfte Methoden gibt, aus dem Leben zu scheiden. Schließlich willst du doch keine dieser hässlichen Sauereien anrichten, wie vor den Zug werfen, vom Hochhaus springen, oder dir das Hirn mit einer Pistole aus dem Schädel blasen. Auch die immer noch häufigste Methode, das Erhängen, ist grausam.

Etliches ist Geschmackssache. Eins für alle gibt es nicht, und die Wahl des rechten Zeitpunktes (s. Leitfrage 9) hängt auch ab von der gewählten Suizidmethode. Wer warten will, bis nichts mehr geht, ist bei seinem eventuell noch möglichen Gang in die Schweiz auf viel fremde Hilfe angewiesen. Auch das will langfristig vorbereitet sein, mit beträchtlichen Kosten.

Generell gibt es ja nur drei Wege in den selbstbestimmten Tod: du kannst deinen Körper zerschmettern, du kannst dich vergiften, oder du kannst deinem Gehirn den Sauerstoff abdrehen. Das Ersticken ist aber kein einladender Weg hierzu.

Am schönsten stirbt es sich wohl durch eine Hypoxie. Das ist kein biochemischer Vorgang sondern ein physikalischer. Relativ einfach stirbt es sich mit Hilfe einer Kohlenmonoxyd-Vergiftung. Empfehlenswert ist dabei ein CO-Messgerät. Beim Tod läufst du rot an, und es gibt ein Gefährdungspotential für die, die dich auffinden.

Auf den ersten Blick am bequemsten scheint die Medikamentenmethode zu sein, also sich über einen Verstoffwechslungsprozess zu vergiften. Allgemein gepriesen und tödlich wirksam ist hier das NaP, das Natrium-Pentabarbital. In Deutschland hast du keine Chance da ranzukommen. Bleiben Überlegungen, was du auf Rezept bekommen und sammeln kannst.

Also umsehen, umsehen. Hier einige Starthinweise:

Dass man nicht alles glauben soll, was im Netz steht, muss eigentlich nicht erwähnt werden. Trotzdem enthält das Internet, auch YouTube, viele gute Informationen. Eine aktuelle Leseempfehlung:

Ein Klassiker des rationalen Suizids ist sicherlich der australische Arzt Philip Nitschke und seine Organisation.

PHILIP NITSCHKE; DIE FRIEDLICHE PILLE.

Die englische Ausgabe, The peaceful pill, 2011, wird laufend ergänzt.

Die beste Einstiegslektüre dürfte Jessica Düber geschrieben haben.

JESSICA DÜBER, SELBSTBESTIMMT STERBEN - HANDREICHUNG FÜR EINEN RATIONALEN SUIZID, 2017.

Ausgekoppelt und etwas ergänzt hat Jessica Düber hieraus zwei kleine Sonderausgaben. Die eine zur Tablettenmethode, die andere zu Edelgasmethode

Jessica Düber stützt sich deutlich auf

BOUDEWIJN CHABOT, DIGNIFIED DYING, 2014.

Chabot, ein holländischer Arzt, will sein Buch leider nicht auf deutsch erscheinen lassen. Lesen kannst du es auf Amazon Kindle.

Peter Puppe kämpft mit seiner Initiative „Sterben dürfen". Sein Buch:

PETER PUPPE, SANFTE STERBEHILFE OHNE ARZT. DER SANFTE TOD HEUTE; 2017

2019 ist ein weiteres , sehr eigenständig geschriebenes Buch bei Amazon erschienen:

VICTOR NICULESCU, SELBSTBESTIMMTES STERBEN. SANFTER TOD BEI KLAREM GEIST

Bemerkenswert ist, dass die brauchbare Hilfsliteratur für einen rationalen Suizid erst nach 2000 erschienen ist. Der Stein kommt erst in unserem Jahrhundert ins Rollen. Sei guten Mutes, du wirst schon das Richtige für dich finden.

9.2 Kleiner Naturwissenschafts- und Technik- Talk

Wir favorisieren hier die Methode der Hypoxie (siehe unten). Die einschlägige Literatur zu Hypoxie widmet allerdings der Anreicherung von Kohlendioxyd, CO2 , im Blut, der sog Hypokapnie, kaum Aufmerksamkeit. Deshalb soll hier mit diesem Problem begonnen werden. Zunächst blicken wir auf die Gefahrenseite.

DIE HYPOKAPNIE

Sie ist eine Übersäuerung des Blutes durch zu viel Kohlendioxyd. Die Folgen: Zittern (Tremor), Blutdruckanstieg, Schwindel, Herzrasen, Krampfanfälle, Panik, narkotische Bewusstlosigkeit, schließlich der Tod durch Atemstillstand, herbeigeführt durch eine CO2-Übersäuerung im Blut. Der Tod kann dagegen auch durch eine Hypoxie (siehe dazu unten) durch das Fehlen von Sauerstoff im Gehirn eintreten. Und das viel sanfter.

Die angepeilte Exit-Methode soll deshalb das Ausschalten der Sauerstoffzufuhr ins Gehirn durch das Einatmen eines inerten Gases sein, wobei weiter ausgeatmet wird, um das CO2 los zu werden. Das geht aber nicht so einfach. Denn in dem zu benutzenden Exit- Bag, oder der Maske, sammelt sich das ausgeatmete CO2 erst einmal an. Es fällt aus der vorgesehenen Öffnung im Bag oder der Maske nicht einfach heraus. Im Bag oder der Maske entsteht vielmehr ein Gasgemisch mit CO2-Anteilen.

Unsere normale Luft hat einen CO2-Anteil von 400 ppm oder 0,04 %, den wir nicht spüren. Erhöht sich indes in dem Luft- bzw. im Gasgemisch, das wir einatmen, der CO2-Anteil auf 4 – 5 %, kommt es zu Panikreaktionen, ähnlich wie beim Ersticken (s. u.). Daraus resultieren zwei Fragen:

1. Entsteht in der Maske, bzw. im Bag überhaupt ein Gasgemisch, oder sinkt das deutlich schwerere CO2 nicht doch nach unten ab?

2. Wie viel CO2 gibt der Körper mit jedem Ausatmen frei? Ist diese Menge überhaupt bedenklich?

GASGEMISCHE

Bekanntlich vermischen sich Gase im Gegensatz zu Lösungen (Festes aufgelöst in Flüssigkeit) oder Legierungen (Metalle) sehr leicht. Dabei werden z. T. auch sogar feste Teile aufgenommen, z. B im Rauch und Nebel. Der Prozess der Vermischung kommt zu Stande, weil sich Gasmoleküle schnell bewegen und sich dabei permanent anstoßen. Hinzu kommt die ständige Verwirbelung, die sich nur in hermetisch geschlossenen Behältern unterbinden ließe.

Gasgemische sind heterogene Gemische, d. h. es kommt zu keinen chemischen Verbindungen. Eine erhebliche Rolle spielen Temperatur und die Druckverhältnisse. Der Partialdruck kann gemessen werden und kann bei den einzelnen Gasen auch in unserem Körper unterschiedlich hoch sein.

Die Vermischung als ein Prozess wird Diffusion genannt. Dabei streben die beteiligten Gase einen Konzentrationsausgleich an, sie wollen sich untereinander möglichst schnell gleichmäßig verteilen. Strömungen verstärken wie beim Umrühren von Lösungen den Vermischungsprozess, die Tendenz zum Konzentrationsausgleich bleibt dabei aber ungebrochen. Die Gewichtsunterschiede zwischen beteiligten Gasen sind sehr gering und spielen bei der Vermischung keine Rolle. Strömungen gibt es zudem im Bag oder in der Maske allemal.

Die Bewegung im Gasgemisch hin zu einem Konzentrationsausgleich nennt sich thermische Bewegung. In diesem Prozess bewegen sich die einzelnen Atome und Moleküle zwar nach Zufall, insgesamt verläuft der Gesamtprozess indes statistisch gradlinig. Das Gasgemisch strebt immer nach einem „thermodynamischen Gleichgewicht", also nach einer Gleichverteilung.

In dem Bag oder in der Maske wird also das sauerstofffreie nahezu 100 % reine inerte Gas (Helium, Stickstoff, Argon) auf die Ausatmungsluft treffen. Ausgeatmet wird dann zunächst neben dem eingeatmeten inerten Gas ein noch gegebener Sauerstoff-Anteil von ca. 17 % und ein CO2-Anteil von 4,03 %. Der 0-Anteil von 17 % nimmt dann sukzessive ab.

Einmal vermischte Gase lassen sich nur schwer wieder entmischen, allenfalls wie gesagt in einem hermetisch abgeschlossenen Behälter. Taucher empfehlen sich untereinander, ihre mit einem Gas-Trimix gefüllten Flaschen nach einer monatelangen Lagerung zwecks erneuter Vermischung etwas zu rollen.

Bei ihrer Vermischung folgen die Gase dem Gesetz der Entropie. Will man ein Gasgewicht unbedingt wieder entmischen, muss eine erhebliche Energie aufgebracht werden, am besten ein drastisches Herunterkühlen. Bei minus unter 270 Grad stoßen sich die Moleküle gegenseitig nicht mehr an, die Vermischung bleibt aus. Gern wird dann auch der Hinweis auf den tödlichen Gärkeller gegeben, wo schon jemand in einem CO-See erstickt sein soll. Aber hier war es sehr kühl, lange Zeit windstill, und das Kohlendioxid ist unten aus den Fässern ausgetreten.

Die einzelnen Gasgewichte in kg pro Kubikmeter bei dem normalen Luftdruck von 1.01 bar:

O 1,43

Ar 1,78

CO2 1,98

He 0,18

Luft 1,2

N 1,17

Die Differenzen zwischen den einzelnen Gewichten sind also sehr gering, was die Vermischung wohl begünstigt.

Argon, das in der uns interessierenden Literatur kaum erwähnt wird, hat eine etwas andere narkotische Wirkung als HE und N. Während das noch etwas schwerere CO2 immer wieder durchaus abgeatmet wird, setzt sich das Argon vermutlich unten in der Lunge fest, da es von den Alveolen (Lungenbläschen) nicht aufgenommen wird. Damit sinkt aber auch das Vermögen der Lunge, CO2 abzuatmen. Hypoknapie? Wegen der Alveolen-Sache favorisiere ich das körpernahe Nitrogen.

Zur Frage zwei

Ist nun das erneute Einatmen des zuvor abgeatmeten CO2 nachteilig oder gar gefährlich? Auf jeden Fall wird es unangenehm, wenn eine CO2- Konzentration von 20.000 ppm eingeatmet wird - es beginnt mit Husten und dann so fort. Normale Luft hat einen CO_2- Anteil von 400 ppm.

Abgeatmet wird bei Einsatz von N als inertes Gas, wie gesagt, zunächst 17% Sauerstoff, 4,03% CO_2, dann die 78% Nitrogen und 0,97% restliche Gase. Das CO_2 hat also den gesunkenen O-Anteil kompensiert. Allerdings bedeuten 4,03% CO_2 bereits eine Menge von 40.000 ppm. Noch einmal eine andere Rechnung:

400 ppm CO_2 sind normalerweise in der Luft. 400 ppm entsprechen 0,04 Volumenprozent. Mit einem Atemzug werden aber bereits 30.000 oder 40.000 ppm CO_2 freigesetzt. Das sind 3 - 4 Volumenprozent. Da der wieder ausgeatmete Sauerstoffanteil anfangs noch recht hoch ist und wieder z. T. eingeatmet wird, verlangsamt sich die CO_2-Produktion, wie sie durch die Verbrennungseffekte im Körper ohnehin weiter abläuft, zumindest anfänglich nicht dramatisch.

Würden die mit dem ersten Atemzug abgeatmeten 30.000 ppm CO_2 noch zweimal komplett wieder eingeatmet, kämen wir auf 90.000 ppm bzw. 9 Volumenprozent. Ein CO_2-Anteil von 4 - 5 % Volumen beim Einatmen führt bereits zur Panik, 8 % CO_2-Anteil sind tödlich. Ein CO_2-Anteil von 1000 ppm, also 1 %, bewirkt bereits ein Zittern., von dem in der Literatur ja auch berichtet wird.

Es kommt also darauf an, welches Gasgemisch in der Maske oder Haube entsteht. Über die Diffusionsgeschwindigkeiten liegen mir keine Zahlen vor. Vielleicht vermischt sich das sehr leichte Helium nicht so schnell mit dem CO_2 als das nur wenig leichtere Argon. Vielleicht ist es aber auch umgekehrt.

ZUR HYPOXIE

Der Alarmgeber im Körper bei Luftmangel ist das CO_2. Es gibt den Befehl, atmen, atmen. Wenn wie beim Ersticken oder Ertrinken nicht mehr geatmet werden kann, kommt es zur Schnappatmung und zur Panik, nicht aufgrund eines Sauerstoffmangels (es ist zunächst noch genügend Sauerstoff im Körper) sondern aufgrund des CO_2-Anstiegs. Bei der Hypoxie wird nun weiter geatmet, aber eben ohne Sauerstoff. Das CO_2 soll dabei abgeatmet werden. Das Gehirn ist so beschaffen, dass es bei einer ausbleibenden O-Zufuhr peu ad peu seinen Betrieb einstellt. Die Folge Hirntod und anschließendes multiples Organversagen. Die CO_2-Reduktion dabei ist aber wichtig.

9.3 Zwei Edelgasmethoden

Die drei Gase, Helium, Nitrogen (Stickstoff) und Argon gehen beim Einatmen keinerlei biochemische Verbindungen im Körper ein. Sie sind ‚inert', also untätig. Die gewünschte Hypoxie - also der Entzug des Sauerstoffs - vollzieht sich so ohne jede innere Vergiftung. Gewollt und bewirkt wird das allmähliche Absterben der Hirnfunktion durch den Entzug des Sauerstoffs.

Die ungefähre Zeit hierfür liegt zwischen 20 und 40 Minuten, je nach körperlicher Verfassung. Eine grobe Formel lautet: Das Ende kommt bei einem Sauerstoffentzug nach 3 Minuten (zunächst Bewusstlosigkeit), bei einem Flüssigkeitsentzug nach drei Tagen, bei einem Nahrungsentzug nach drei Wochen.

Keine Exit- Methode ist absolut risikofrei, aber die Edelgas-Methoden dürften zu den sichersten zahlen, solange man an das NAP (Natriumpentabarbital) nicht legal herankommt. Und selbst das NAP hat seine Tücken.

Die Edelgasmethoden setzen eine gewisse Begabung und Neigung zum Basteln und Tüfteln voraus. Auch solltest du geistig noch voll wach und körperlich nicht völlig hilflos sein. Bei einer vorliegenden schwereren Atemwegserkrankung (Asthma, COPD etc.) ist von der Methode abzuraten.

Die Vorbereitung der Technik kann auch Spaß machen und ein weiterer kleiner Vorteil ist, dass du nach einer Zeit von bis zu drei Minuten noch mal abbrechen kannst. Suche dir möglichst eine Verbindung mit Gleichgesinnten. Ärztliche Hilfe brauchst du nicht.

Methode mit Helium

Hierüber gibt es die meiste Literatur. Es liegt aber in der Natur aller „Betriebsanleitungen" dass sie Schwächen und Lücken haben. Du sammelst dir Informationen am besten aus mehreren Quellen.

HE ist mit Abstand das leichteste Gas. Dies hat zu der Methode geführt, einfach einen ‚Bratschlauch' (bei Amazon) zu nehmen; als Plastikhaube über den Kopf gestülpt. Näheres bei Chabot, Düber, Nitschke, Puppe. Probleme bei dieser KISS-Methode (keep it simple and stupid) sehe ich beim Aufsetzen dieses sogenannten Exit-Bags, wie auch bei der Aufrechterhaltung der Dichtigkeit.

Abhelfen kannst du dem, wenn du einen wirklich großen Plastiksack nimmst, in den du vollständig hineinkriechst, 10 Liter HE (zwei 5l Flaschen) mitnimmst und dann sozusagen ein Heliumvollbad nimmst.

Einkaufsliste:

2x 5l Flaschen reines Helium mit einem Druck von 200 bar.

Einen einfachen Druckminderer, falls du die HE-Zufuhr steuern willst. (Du brauchst für mindestens 30 Min. HE in einem relativ großen Volumen - probieren, berechnen.

Reines HE und den Druckmindere gibt es beides bei Gase Dopp.

Möglichst zwei mannshohe, möglichst transparenten Plastiksäcke (einen zum Üben)

Einen langen Reißverschluss zu Abdichtung unten.

Klebstoff zu Einkleben des Reißverschlusses

2 Hantelgewichte, um den bereits mit HE gefüllten Sack am Boden festzuhalten.

- Diverse Käufe hierfür online oder direkt tätigen. Über große Plastiksäcke verfügen die lokalen offiziellen Entsorgungshöfe -

Wie bei der Methode mit dem kleinen Exit-Bag empfiehlt es sich, vorher die Luft aus dem Bag heraus zu streichen und ihn schon mal mit HE zu füllen. Du musst noch so fit und beweglich sein, in den Bag mitsamt den Flaschen hinein zu kriechen und solltest dich so positionieren, dass du bei eingetretener Bewusstlosigkeit nicht umkippst.

Eine kleinere Undichtigkeit unten am Bag macht nix. Das HE wird sich oben am Kopfbereich sammeln. Du hast noch für ca. 2 Minuten genügend Sauerstoff in deinem Körper, auch wenn du schon HE einatmest. Vielleicht kennst du den HE-Trick mit der Kicksstimme…Also alles schön langsam.

Dieser große Exit-Bag sollte vom Material stabiler ausfallen als etwa der Bratschlauch bei der KISS-Methode. Die Dichtigkeit sollte zumindest im oberen Bereich sicher gegeben sein und überwacht werden. Ein(e) Sterbehelfer(in) sollte die ganze Prozedur sowieso überwachen.

Versuche nicht die alte Lösung, dich einfach ins Auto zu setzen! Wie bei den Caravans etc. gibt es da immer eine versteckte Zwangsentlüftung.

Methode Nitrogen mit Maske

Stickstoff (Nitrogen) ist in unserer Atemluft zu 78% enthalten. Mir ist es sympathisch, dass der Körper dieses Gas kennt. Nitschke u. a. sind auf Nitrogen umgestiegen, was auch daran liegen kann, dass in manchen Ländern reines Helium (also nicht das übliche Ballongas) schwer zu beschaffen ist.

Einkaufsliste:

Eine 5l Stickstoffflasche, gefüllt mit 200 bar Druck.

Ein Stickstoff-Druckminderer mit Flowmeter (beste Marke = Rhön).

Eine Pressluftflasche 200 bar, 5l (zum Üben).

Ein einfacher Druckminderer/Manometer für diese Flasche.

Noch zwei 6 mm Tüllen, sollten die Druckminderer diese nicht anbei haben.

2x einen 6mm Schlauch zum Anschließen der Maske bei guter Sitzposition.

Einige Schlauchschellen 2 0hr, 7 -9 mm.

Eine Dose Leckspray zu Dichtigkeitsprüfung der Anschlüsse.

Das gibt es alles bei Gase Dopp

Zwei Brandfluchthauben von Dräger. Modell: „Parat Trainingshood, Aufschrift: „For Training only". Es genügt der Single Pack im Karton. Wegen Corona z. Zt. leider etwas teuer.

Im Internet oder guten Fachhandel zu haben.

Zwei Schläuche, wie bei Schubkarrenrädern üblich, gebogenes Ventil. (Du brauchst davon nur die beiden Ventile à 6 mm, es ist die gleiche Größe wie beim Fahrradschlauch.)

Tesa Textilklebeband zum Fixieren der Ventile auf den Masken.

Klebstoff: Gummi/Metall, es geht auch Sekundenkleber.

Einen dreiadrigen Gartenwasserschlauch, die ganz flachen zum leichten Aufrollen, auch bei Campern beliebt. Du brauchst davon nur ca. 30 cm.

Das gibt es alles im Baumarkt

Die Vorbereitungen bei diesem System sind im Vergleich zu der beschriebenen Helium-Methode umständlicher. Wenn alles gerichtet und geübt wurde, geht es beim Finale aber dann doch auch recht einfach.

Zunächst wirst du vielleicht die Masken herrichten wollen:

Die Dräger Brandfluchthauben haben jeweils eine eng anliegende Innenmaske, die von einer ‚Mütze', einem dehnbaren Textilgewebe, gehalten wird. Die Außenhaube soll dann am Hals anliegend alles zusätzlich abschließen. Die Hutze vorn lässt sich zu Montagezwecken aus Halterungsmanschette herausnehmen.

Auf das vordere Loch (mit einer Größe von ca. 1,3 cm) soll das Ventil aus dem Schubkarrenschlauch geklebt werden. Innen siehst du noch ein kleines Blech. Lass es so, wie es ist. Es dient dazu, den einströmenden N zu verteilen, damit er dir nicht direkt in die Nase ballert.

Du schneidest das Ventil aus dem Schlauch so aus, dass dabei ein Kreis aus dem Gummi entsteht, wie er in seinen Maßen gut auf die Hutze passt. Das im Schlauchgummi ein vulkanisierte Ventil bleibt also so, wie es ist.

Jetzt musst du noch die ‚Seele' innen aus dem Ventil herausdrehen, mit einer Spitzzange, oder einem kleinen Tool, wie es Fahrradfahrer benutzen. Du willst ja nur das 6 mm Röhrchen haben.

Jetzt kannst du das Ventil mittig auf das Loch der Hutze kleben. Das Ventil wackelt etwas in seinem Gummi. Also überklebst alles noch einmal eifrig mit Tesaband. Die Hutze kann dann zurück in ihre Gummimanschette der Maske. Fertig.

Testen: Maske komplett auf das Gesicht ziehen (Anleitung siehe unten), das Ventilröhrchen mit einem Finger zu halten - Maske ist dicht?

Es ist nun noch die Gasflasche zu richten. Der Druckminderer ist komplett montiert und muss nur noch mit seiner großen Überwurfmutter an die Flasche geschraubt werden. Die Dichtigkeit mit dem Leckspray prüfen.

Maske und Flasche können nun mit dem 6 mm Schlauch miteinander verbunden werden. Schlauch auf Tülle und Ventil schieben und jeweils mit einer Schlauchschelle sichern, die Schellen mit einer Kombizange oder Pumpenzange zusammenquetschen.

Eine größere Zange brauchst du auch, um den Haupthahn der Gasflasche zu öffnen, der ziemlich schwergängig ist.

Der Kit mit der Pressluftflasche (zum Üben und sich vertraut machen) wird ebenso zusammen gebaut. Die Pressluftflasche kannst du in einem Taucherladen auch wieder befüllen lassen. Die zweite Üb- Maske kannst du auch wieder vom Zufuhrschlauch abklemmen und effektiv auch mit der Maske allein üben, vor dem Spiegel z. B.

Nun kannst du noch das CO2-Problem bedenken. Im Gegensatz zu der beschriebenen Helium-Methode, besteht da ein gewisses Risiko bezüglich der Muskelzuckungen, allerdings erst nach Eintritt der Bewusstlosigkeit. Vergleiche dazu den YouTube-Clip zur Schweinebetäubung mit Helium und den Beitrag zu den Gasgemischen hier bei Leitfrage 8 .

Auch wenn ihm kein Sauerstoff mehr zugeführt wird, wandelt der Körper noch viel vorhandenen 0 in CO2 um. Es kann sich beim Ausatmen in der Maske zunächst ein N + CO2 Gemisch bilden. Am Beginn sollte also möglichst viel CO2 nach außen abgeatmet werden.

Das machst du mit einem kleinen Schlauch, ca. 30 cm lang, den du von der gekauften Gartenschlauchrolle abschneidest und längs mit einem Küchenmesser so teilst, dass nur 2 von den drei Adern bleiben. Mach auch das zweiadrige Stück schön glatt. Du willst es ja unter die Maske schieben, was eine gewisse Undichtigkeit mit sich bringt.

Du nimmst also den Schlauch in den Mund, bevor du die Maske aufsetzt. Und dann: Nase ein - durch den Schlauch im Mund kräftig ausatmen. Auch wenn die Maske aufgesetzt ist, atmest du durch den Schlauch ca. noch dreimal kräftig aus bei schon einströmendem Stickstoff. Keine Angst! Es ist anfangs noch einiges an Sauerstoff in deinem Körper.

Dann ziehst du das Schläuchlein aus Mund und Maske langsam wieder raus und überprüfst, wenn's noch geht, noch einmal den guten Sitz der Maske. Die Gummilippen der Innenmaske werden sich aber problemlos ans Gesicht schmiegen.

Falls eine kleine Undichtigkeit geblieben sein sollte, ist dies unproblematisch. Selbst wenn der Körper noch 5% Sauerstoff aufnehmen sollte, tritt die Hypoxie ein. Von oben strömt das N kräftig ein.

Zu beachten ist allerdings: keinen Bart tragen und die Kopfhaare dürfen nicht in den Nacken reichen. Das von Dräger eingearbeitete Rückschlagventil wird nun seinen Dienst tun.

Das Üben der gesamten Geschichte wird dich sicherer machen und vielleicht wirst du noch Verbesserungen entdecken. Hier noch zwei To-Do-Listen, wie ich sie mir aufgeschrieben habe:

Schritte-Liste I : Haube aufsetzen

1. Den zweiadrigen Wasserschlauch in den Mund führen und mit den Zähnen festhalten. 3x üben: Nase einatmen, Mund ausatmen.

2. Die Halskrause der Haube umkrempeln. Die Maske beidhändig oberhalb der Halskrause fassen und zunächst nur vor die Stirn ziehen. Sitzt sie gerade vor dem Gesicht? Das unten befindliche Rückschlagventil auf korrekten Sitz prüfen. Alles ganz ruhig und langsam. Augen und Nase sind ja noch frei. Prüfen: Liegen die Ohren dicht an und sind halb drin? Liegt die Halskrause im Nacken gut an?

3. Die Maske soll nun vor das Gesicht - zuerst den rechten Daumen bei der rechten Schläfe, dann den linken auch bei der rechten Schläfe in die Haube stecken und diesen nun nach links rüberziehen. Daumen sind an beiden Schläfen.

4. Haube runterziehen. Den Sitz der Innenmaske überprüfen – Innenmaske dabei beidhändig an der Hutze vom Gesicht abheben und richten. Prüfen: Kinn gut drin? Die Halskrause sitzt an? Alles ganz ruhig! Du hast Zeit.

5. Üben kannst du nun zweierlei: a) Die Maske ist noch nicht angeschlossen; das Einlassventil ist vorn montiert, bleibt aber noch offen. Erstaunlicherweise wirst du durch die 6mm Ventilöffnung noch genug Luft ziehen können. Also nur das Ein- und Ausatmen üben. b) Du schließt bei einer zweiten Übung die Pressluftflasche an und übst das gesamte Finale.

6. Beim Üben ohne angeschlossene Flasche kannst du das dichte Anliegen der Innenmaske leicht prüfen, wenn du das Einlassventil zu hältst. Solange du den kl. Schlauch zum Ausatmen noch im Mund hältst, wird sie nicht total dicht sein. Also auch das langsame Schlauch Rausziehen und Weiteratmen üben. Eine kleine Undichtigkeit ist nicht schlimm. Die Halskrause der Haube dichte außerdem noch unten ab.

Schritte-Liste II: Das Finale

1. Der Kit ist vollständig montiert und platziert,. Das Flowmeter ist gut erreichbar. An der N-Flasche den Haupthahn öffnen. Das Flowmeter bleibt noch geschlossen. Zeigt das Manometer genügend Druck an? Mind. 180 bar (!)

2. Sitzposition einnehmen, Beine evtl. angurten.

3. Die Haube aufsetzen, dabei der Schritt-Liste I folgen.

4. Die Innenmaske noch ´mal auf guten Sitz prüfen. Kinn gut drin? Es ist ja zunächst noch genügend restliche Luft in der Maske, um alles in Ruhe zu richten! Sitzt der Mundschlauch komfortabel und fest im Mund?

5. Noch einmal ganz tief ausatmen, und das Flowmeter langsam öffnen und tief weiter atmen. (CO2 muss raus) Der Stopfen im Messglas des Flowmeters hüpft anfangs etwas und soll kurz oberhalb des der Einstellung zur Ruhe kommen.

Deshalb einen Marker anbringen. EINSTELLEN auf 20 bis 22 (= Liter/Min.)

Das zunächst kurz vorhandene Nitrogen-Luftgemisch macht wie gesagt nix. Die Hypoxie muss nicht besonders schnell sein. Auch ein kurzer Atemstillstand macht nix. Noch ca. 3x tief durch den Schlauch ausatmen, ihn dann langsam rausziehen.

6. Die Maske soll jetzt fest anliegen.

Du hast genug Zeit!! Das nun noch ausgeatmete CO2 geht größtenteils jetzt durch das R-Ventil raus. Mindestens 15 Atemzüge dauert es bis zur Bewusstlosigkeit = eine volle Minute. evtl. auch zwei.

Ruhig und entspannt liegen. Keinesfalls hektisch atmen!!

Multiples Organversagen nach ca. 30 Minuten.

Es ist gut, eine(n) Sterbebegleiter(in) dabei zu haben. Er/sie kann z. B. per Video deine „Tatherrschaft" dokumentieren und im Notfall eingreifen. Dabei ff. beachten:

- DGHS-Papiere vorher richten (keine Garantenpflicht etc.).
- In den ersten zwei Minuten kann noch abgebrochen werden.
- Nach fünf Min. ist der Hirnschaden aber bereits irreparabel.
- Gaszufuhr, Manometer und Flowmeter – alles läuft im Normbereich?
- Eventuelle Muskelzuckungen kontrollieren

So weit zu den vorgestellten Edelgasmethoden. Eine weitere, sehr effektive Methode ist die bekannte Vergiftungsmethode mit Kohlenmonoxyd, also der Holzkohlengrill im abgedichteten Badezimmer. Vorher die Rauchmelder der Wohnung abschalten und mit einem technisch höherwertigen Gerät den erreichten CO-Gehalt messen, natürlich nur als optische Anzeige.

Es gibt noch weitere gute Methoden. Siehe die aufgeführte Literatur. Letztlich spielt es eine erhebliche Rolle, jeweils sagen zu können, „dabei habe ich ein gutes Gefühl."

Du wirst wahrscheinlich und verständlicherweise beim Finale nervös sein. Falls du an Alkohol gewöhnt bist, wirst du dich vielleicht vorab etwas alkoholisieren. Oder du nimmst ein Beruhigungsmedikament, eine verstärkte Dosis eines Benzodiazepins oder so. Die Z-Präparate (Schlafmittel) beruhigen kaum.

10 Das Schwanken: wann kommt der richtige Zeitpunkt?

10.1 Sterbewunsch

Ein großer Spaß, dieses Sterben. Nur das Warten nervt. So sah es Wolfgang Herrndorf, der bitter darum ringen musste, sterben zu dürfen. Schließendlich gelang es ihm blutig mit einer Pistole.

Herrndorfs Forderung nach einem freien Zugang zu Suizidmedikamenten, also käuflich in jeder Apotheke, wurde als eine Provokation aufgenommen.

Wieso eigentlich? Natürlich müsste eine freilassende Beratung vorausgehen, ähnlich der bei einem Schwangerschaftsabbruch.

Wenn du magst, google Herrndorf einmal - bewegend und interessant.

10.2 Seelisch geistiges Misslingen

Ein misslungener Suizid kann auch ein solcher sein, den du bejaht und ‚gewollt' hast, nicht aber die Kraft aufbringen konntest, ihn dann auch durchzuführen. Der Tod im Klinikum etc. kann dann vielleicht aber besonders bitter werden.

10.3 Todesfurcht und Lebenstrieb

Wenn du deine Todesfurcht durchschaut hast, und wenn du dir darüber bewusst wirst, wie sehr auch der Lebenstrieb dein Denken bestimmt, wird sich das Schwanken bezüglich deiner Abreise deutlich vermindern.

Die Todesfurcht wird außen geschürt, der Lebenstrieb ist als solcher eine naturgemäße Notwendigkeit. Beide fordern sie deine innere Souveränität heraus. Okay, so ist es halt. Aber du bist kein Sklave fremder Mächte. Mögen sie dein Ego vereinnahmen, dein Selbst nicht.

11 Was soll denn als Wahrheit gelten?

11.1 Was als Wahrheit gelten soll

Bevor wir uns den schwergewichtigen Einwänden gegen den selbstbestimmten Suizid zuwenden, ist ein kleiner, demütiger Blick auf unser Erkenntnisvermögen wohl angebracht. Die klerikalen Einwände gegen den "Selbstmord" fußen ja letztendlich auf einem Wahrheitsverständnis, das sich von einer Wahrheitsoffenbarung herleitet. Es ist eine Glaubenswahrheit und an ihr soll hier auch nicht herumgeätzt werden. Im gesellschaftlichen Diskurs, einem Diskurs in einer pluralistisch verfassten Gesellschaft, kann aber 'Wahrheit' nur aus einer Vereinbarung hervorgehen. Dies gilt es im Folgenden herzuleiten und zu begründen.

Unbestreitbar leben wir als Getriebene von einer Vitalkraft, es ist jener ungeliebte Wille von dem Schopenhauer schrieb. Es ist die große Evolution des Lebens. Sie bringt Individuen hervor. Verständlicherweise können Individuen zunächst einmal nur individuellen Wahrheiten haben.

Eine Alternative ist die Glaubensgemeinschaft. Einem „Seher" folgt eine Gemeinschaft von „Einsehenden", wobei der „Seher" aber auch nur seine Wahrnehmungen als VORSTELLUNGEN weiter geben kann und das eintritt, was eintreten muss: die schlichte Übereinkunft in der jeweiligen Gruppe, autoritativ etwas als „wahr" anzunehmen und diese „allgemeine Wahrheit" affirmierend nach innen und außen zu behaupten.

Das, auch unser, Leben steht allerdings wie gesagt unverrückbar eben unter der Notwendigkeit der INDIVIDUATION. Greifbar gibt es nur das einzelne Leben im Hier und Heute. Erst im Tod hauchen wir unsere Individuation aus, lösen uns auf. Von dieser Basis, von dieser anthropologisch-biologischen Grundlage aus, muss jede Frage nach Erkenntnis ihren Ausgang nehmen. Es sind immer nur einzelne Individuen, die Erkenntnisse produzieren. Kein Individuum kann für sich allein eine „absolute Wahrheit" verkünden, die dann in einer die Individuation umwerfenden Weise für alle anderen Individuen gleichermaßen zu gelten hätte. Allgemeine Wahrheiten, so es denn solche gibt, lassen sich nicht individuell erbrüten.

Natürlich gibt es einzelne (partielle) Entdeckungen in naturwissenschaftlichen Bereich und es gibt Ideen und substanzielle Denkanstöße in den

Humanwissenschaften; weit unterhalb einer umfassenden, „absoluten“ Wahrheit sind sie in einer erfreulich großen Zahl zu finden. Lediglich innerhalb der Theologie wird eine „absolute“ Wahrheit vorkommen können, als eine Offenbarung. In unserem Bereich des Humanen sind wir darauf angewiesen, unsere „Erkenntnisse“ zunächst einmal nur als individuelle Erkenntnisse zu sehen. Und so werden wir versuchen, sie im Wege der Kommunikation zu verallgemeinern. Oder als einzige Wahrheit auszugeben.

Der uns zunächst mögliche Erkenntnisprozess beginnt ja mit der individuellen WAHRNEHMUNG. Das konkrete Einzelwesen (philosophisch gesagt das Subjekt) macht eine sinnliche, oder eine übersinnlich-geistige Wahrnehmung und das als ein Einzelnes. Diese Einzelwahrnehmung kann, auch als eine unsere fünf Sinne übersteigende Geistesschau, keine umfassende , keine allgemeine Wahrheit oder dergleichen sein, weil es ja selbst unbestreitbar konkret erst einmal ein Einzelnes ist, welches die Wahrnehmung macht.

Würden wir auf dieser Ebene stehen bleiben und hier bereits Wahrheitsbehauptungen aufstellen, gäbe es ein Kommunikationschaos .

Unsere Wahrnehmungsinhalte werden also im Bewusstsein überhaupt erst verfügbar, wenn wir VORSTELLUNGEN produzieren (vgl. wieder Schopenhauer ff.). Wir kommunizieren nicht über Wahrnehmungen sondern über unsere Vorstellungen. Wenn ich sage, dieser Baum ist grün, dann bin ich ja schon nicht mehr im unmittelbaren Wahrnehmungsprozess, sondern formuliere eine Vorstellung und ein Urteil über den Baum aufgrund meiner individuellen Verarbeitung der Wahrnehmung.

Auf dieser sehr einfachen Ebene mögen andere das Gleiche tun. Wir kommunizieren sodann unsere Vorstellung von der Farbe des Baumes und kommen zu einer „Wahrheits“-Übereinkunft. Unsere „Wahrheiten“ sind demgemäß „Wahrheits“-Übereinkünfte, bzw. VEREINBARUNGEN, wie sie sich in dem langen Prozess unserer Evolution herausgebildet haben. Im angeführten Fall des grünen Baumes stellt sich die Wahrheitsübereinkunft rasch ein, weil der evolutionäre Prozess der Übereinkunft auf dieser basalen Ebene nahezu abgeschlossen ist. Was an diesen Wahrheitsübereinkünften objektiv oder gar absolut „wahr“ ist, - welches individuierte Einzelwesen, könnte das beurteilen?

Zurück also zum Individuum: Die im subjektiven Empfinden u. U. bestehende Identität zwischen dem Wahrnehmungsinhalt und dem Wahrnehmenden wird durchbrochen und aufgehoben im zwangsläufig eintretenden Vorstellungsprozess. Das Subjekt, (i.e. das einzelne menschliche Lebewesen) formt die Wahrnehmung zu einem Wahrnehmungs-OBJEKT, zu einem Objekt seiner VORSTELLUNG. Erst über diese Vorstellungsobjekte können dann wir kommunizieren, dank unseres Sprachvermögens.

Es sei denn, wir lassen alle menschliche Demut hinter uns und erklären uns als ein überindividueller Gott mit einer überindividuellen Wahrnehmung und Vorstellung. Wir erklären uns mit dem Großen und Ganzen , mit dem Absoluten (das es wahrscheinlich gar nicht gibt) in vollem geistigen Hochmut identisch. Die Subjekt-Objekt-Spaltung sei aufgehoben, und die vorgeblich „ganze Wahrheit" breche hervor. Diese Hybris stand bei den alten Griechen unter Todesstrafe. Uns Heutigen erscheint sie eher lächerlich; wir können sie beiseite lassen. Ein Hang zur überindividuellen Letztbegründung von „wahren" Aussagen ist aber geblieben.

Der Fragenkomplex, wo und wie die Wahrnehmungsinhalte und unsere Vorstellungen sich konstituieren, kann bei diesem Gedankengang ausgeklammert und unbeachtet bleiben. Es ist das Kategorienproblem und es sind die a priori Fragen, wie sie Kant und später auch Schopenhauer umtrieben. Natürlich ist unser Wahrnehmungs- und Vorstellungsvermögen unaufhebbar auch durch Kategorien prinzipiell begrenzt, wenn auch weniger als Kant noch glaubte.

Wir selbst also sind es, die das „Objekt" produzieren und damit die Subjekt-Objekt-Spaltung. Weil wir im Prozesse unserer individuierten Wahrnehmungsverarbeitung gar nicht anders können und weil wir „darüber" kommunizieren wollen und müssen. Wir kommunizieren miteinander nicht über unsere Wahrnehmungen, sondern über unsere Vorstellungs-Objekte, bei deren Entstehung Wahrnehmungsinhalte am Anfang stehen können, nicht müssen.

Ebenso können die identeren Sonderfälle im Bereich des Ästhetischen und der Phantasie, wie auch der große Bereich des schlussfolgernden Denkens übersprungen werden, ein Denken, das mit Wahrnehmungs- oder mit Vorstellungsaxiomen beginnt.

Es ist auch nicht notwendig für den hier verfolgten Gedankengang zu Erkenntnis- und Wahrheitsfragen diese Gedankengänge in einen metaphysischen Großkontext zu stellen und eine metaphysische Herleitung der „Vernunft" zu bemühen (siehe Feyerabend und Rorty). Basal wichtig ist nur, den individuelle Charakter von beiden festzuhalten, eben der Wahrnehmung und Vorstellung, weil wir naturgemäß Einzelwesen sind. In den Naturwissenschaften wird versucht, diesem Ärgernis unserer individuellen Beschränktheit auf vielfältige Weise Rechnung zu tragen.

Nahezu triebhaft produziert das Individuum auch Vorstellungen, denen gar keine unmittelbar nachvollziehbare und korrespondierende Wahrnehmung zugrunde liegen und denen vielleicht gerade deshalb eine exklusiv aufgefundene allgemeine „Wahrheit" unterstellt, worauf dann nahezu zwanghaft die Ausbildung von Systemen erfolgt, in denen die Argumente gegenseitig sich stützen. Dieser Sprung ins Allgemeine zeigt, wie uneingestanden und schmerzhaft wir die Individuation und unsere Unzulänglichkeit als Einzelwesen erfahren. Kopfgeburten ins vorgestellte Allgemeine.

Als Vereinzelte wollen wir natürlicherweise, dass unsere Vorstellungen eine zustimmende Resonanz bei den anderen erfahren, wir wollen in der „Wahrheit" leben, die ja wohl per se etwas Gemeinsames dann sein muss. Bereits, wenn nur zwei Menschen sich gegenseitig etwas erzählen, sind sie auf der Suche nach einer sie verbindenden Wahrheit. Niemals aber erreichen sie eine absolute Wahrheit, die über ihnen stehen würde. Die Wahrheit bleibt ein ‚Wechselbalg', wie es Montaigne treffend ausgedrückt hat. Mit der Renaissance erfolgte der Schritt in die Moderne ohne einen Wahrheitshimmel über uns.

Hier nun beginnt der ganze wechselseitige Prozess der Überredung. Wir machen unsere Vorstellung anschaulich, „beweiskräftig" etc. - und vergessen dabei, dass die Adressaten unserer Rede ja ebenso Einzelwesen sind, nur assoziieren (oder nicht) können. Wir vergessen zudem, was die Sprachphilosophie und Kommunikationsanalyse herausgefunden hat. Wir vergessen z. B. auch die Hermeneutik des Verstehens. Wenn wir uns nicht verblenden und nicht sektiererisch werden wollen, müssen unsere Assoziationen am Prozess der Vereinbarungswahrheiten orientiert bleiben.

Paul Feyerabend ist beizupflichten, wenn er zu dem Ergebnis kommt, selbst der Bereich der (natur)wissenschaftlichen Methodik beruhe auf Vereinbarungen. Auch unsere Erkenntnismethoden werden im Wege der Übereinkunft gefunden und unterscheiden sich nicht prinzipiell von unseren übrigen Vereinbarungswahrheiten. Selbst im engeren Wissenschaftsbereich gibt es für die Vereinbarungsprozesse von „Wahrheit" nicht die einzig richtige, „wahre" Methode.

Im Gegensatz zum späteren Descartes wusste bereits Montaigne, dass alles, was wir als „Wahrheit" bezeichnen nur eine Vereinbarung sein kann, dass es mithin auch keine einzig wahre Methode für diesen Vereinbarungsprozess gibt. Gäbe es diese einzig wahre Methode, hätten wir tatsächlich einen Ausgangspunkt für „die Wahrheit" gefunden. Selbst Raimund Popper musste, ungeachtet seiner Betonung des Falsifizierens im Kern daran glauben, die „wahre Wahrheit" könnte letztlich aufgesucht werden, wenngleich er dies in seinen Texten nur eher versteckt niederschrieb. Sein Glaube an die einzige wahre Methode verführte ihn dazu.

Das viel herumgereichte „anything goes" ist gleichwohl eine unzulässige Verkürzung der Problematik. Die Prozesse unserer Vereinbarungen sind langwierig, eben evolutionär, und sie lassen sich mit laxen Parolen wie der vom „anything goes" nicht konterkarieren. Sie verdienen Respekt.

Immerhin kann man auf langen Wegen, so sie denn mit Ernst betrieben werden, ja zu pragmatischen Vereinbarungswahrheiten kommen. Pragmatisch etwa im Sinne von Dewey, Peirce und Rorty, also auf Konventionen aufbauend und fortlaufend veränderbar.

So gibt es gibt im Politisch-Gesellschaftlichen z. B. den Grundkonsens, an welchem wir alle festhalten wollen und sollen. Auch dieser ist aber nicht unverrückbar, er bleibt im Prozess seiner Fortentwicklung. Es sind die Wege des Filterns und Ausfilterns im Erkenntnisprozess, wobei der jeweilige Zeitgeist seine Wirkung entfaltet und es auch einen zumindest partiellen Paradigmenwechsel (Kuhn) geben kann.

Wie gesagt, „Wahrheit" ist somit das Produkt eines evolutionären Vereinbarungsprozesses. Dies gilt auch für den Bereich der Mythen, Religionen, Philosophien und Weltanschauungen, nur dass es hier zu demütig-gelassenen Wahrheitsvereinbarungen noch nicht gekommen ist und die heftigen Kämpfe um die „eine Wahrheit" weiter toben. Jede dieser Weltanschauungen möchte dahin kommen, wo die einfacheren Vereinbarungswahrheiten bereits angekommen sind, in die allgemeine „Wahrheits"- Anerkennungen.

Der evolutionäre Prozess der Wahrheitsübereinkünfte kann fortentwickelt werden. Glücklicherweise gibt es bei der Logik und auch beim Common Sense überindividuelle, transzendentale Gemeinsamkeiten in unserem Denkvermögen, die genutzt werden können, die Flut der möglichen Vorstellungen kommunizierbar und vereinbarungsfähig zu machen.

Unfruchtbar bleibt es, diesen Prozess der Wahrheitsübereinkünfte, als einzelner „Seher" oder „bahnbrechender" Philosoph oder als eher esoterische Gruppe generell in Frage zu stellen. Wir sind nolens volens an die Science Community gebunden. Wir müssen zusammen leben, Kritik am Mainstream hin oder her.

Sinnvoll arbeiten kann man an dem allgemeinen Vereinbarungsprozess nur, indem man darum bemüht ist, ihn konkret weiter zu entwickeln, nicht indem man gegen die im Wege der Vereinbarung getroffenen „Wahrheiten" pauschal und missionarisch eine eigene (Sonder)Wahrheit in umfassender Weise reklamiert. Es gilt, am allgemeinen Vereinbarungsprozess mitwirken zu können und zu wollen, durchaus in voller Kritik. Hochmütig z.B. allen anderen ein „falsches Bewusstsein" zu bescheinigen, weil sie nicht fähig und willens seien, die eigene, die „neue Wahrheit" zu begreifen und zu akzeptieren, ist kindisch.

Individuen sind bleibend unzulänglich, alle Menschen sind indes Individuen. Die Naturwissenschaften haben nun aus diesem Dilemma von Wahrnehmung und Vorstellung einen pfiffigen Ausweg gefunden, den der REDUKTION. Zunächst wird das Spektrum der Wahrnehmung reduziert (Beobachtung statt Wahrnehmung, Experiment, Wiederholbarkeit, Erfahrung). Sodann werden alle möglichen Vorstellungen kondensiert auf die Denkfigur der Hypothese und Theorie, ausgedrückt möglichst in der gemeinsamen Sprache der Mathematik.

Es ist also ausgehend von einer auf das Messen reduzierten Wahrnehmung ein Gleichschaltungsvorgang in unserem Vorstellungsvermögen, nicht übertragbar auf den „Rest" außerhalb der Reduktion. So auch Galilei: „Alles messen, was messbar ist und den Rest weglassen".

Mithin ist undenkbar, auf naturwissenschaftlichem Wege, etwas „beweisen" zu wollen, was man vorher nicht einschneidend reduziert hat. Die Denkfigur von der „ganzen Wahrheit", die das ganze „Ding an sich" einschließen müsste, gibt es im naturwissenschaftlich-empirischen Kanon nicht. Eine solche ganzheitliche Wahrnehmung ist auf naturwissenschaftlichem Wege nicht möglich. Anhänger eines Holismus mögen dies bedauern, hielt doch bereits Aristoteles fest, das Ganze sei mehr als die Summe seiner Teile.

Bekanntlich ist besonders die Physik in Bereiche vorgestoßen, die dem klassischen faktenorientierten Verfahren, Vermutung – Beobachtung - Experiment – Messung - Wiederholung und nach folgende Extrapolationen nur noch teilweise zugänglich sind. Ebenso wie bei der Mathematik, z. B. der Chaostheorie, stellen sich hier Verunsicherungen ein bezüglich unserer transzendentalen Möglichkeiten, im Wege der Kommunikation zu Vereinbarungswahrheiten zu kommen. Das ist irritierend, und befeuert die Spekulation.

Im Bereich der Philosophie hat das spekulative Denken von jeher seinen Platz behaupten können und Anregungen hervorgebracht.

Noch einmal zu dem schwachen Ergebnis, wie es allein schon auf der Ebene der Wahrnehmung uns unzulänglich sein lässt:

Die Wahrnehmungsflut, wie sie über alle Sinne und als Inspirationen über uns hereinbricht, ist viel größer als unser Gehirn verkraften kann. Nachweislich reagiert unser Gehirn darauf so, dass sofort eine Selektion eintritt. Hinzu kommt, dass wir ebenso sofort diesem selektierten Wahrnehmungsinhalt vom Verstand und von den Emotionen her etwas Subjektives hinzufügen. Dies ist notwendig so, weil wir nur so unser Ich, unser Selbst konstituieren können (vgl. Kant).

Wir können bei der Wahrnehmung als solcher nicht stehen bleiben, sondern reagieren auf sie, wie gesagt, durch subjektive Selektionen und Beifügungen, um dann durch eine nochmalige Individuation ein Vorstellungsobjekt zu formen. Und das sofort, weil wir bereits am Beginn des Prozesses nicht absichtslos sind. Hier ist der zunächst etwas merkwürdig anmutende Satz des Physikers Richard Feynman angebracht: "Wir sind nur der Lage das zu begreifen, was wir herstellen können". Dies gilt eingeschränkt sogar noch für unsere Verfahren der Beobachtung und des Experiments, wie entsprechende Studien nachgewiesen haben.

Aber auch das, was sozusagen von außen als Wahrnehmungsinhalt auf uns zukommt, ist nicht gleichbleibend ein und dasselbe. Seine Konstitution wechselt. „Licht" sehen wir z. B. nur, wenn/weil wir innerhalb der Erdatmosphäre sind.

Wahrnehmungsinhalte sind nicht feststehend, sie oszillieren. Sie zeigen uns zuweilen ihr Janusgesicht. Wir können dies im Bereich des Virtuellen auch spielerisch schön simulieren.

Wenn Physiker z. B. im Messinstrument eine „Strahlung" registrieren, was haben sie da in der Hand? Was wird das Ergebnis ihrer Interpretation sein? Wieder ergibt sich der Übergang in die Vorstellung und auch hier zeigt sich dann die menschliche Disposition, Vorstellungen zunächst subjektiv zu formen. Erst daraufhin beginnt der Vereinbarungsprozess.

Die „Wirklichkeit" außer uns spielt mit uns ein Spiel und wir fügen diesem Spiel in unserem Inneren ein zweites Spiel hinzu. „Über alles ist Schein gebreitet", (Xenophanes).

Die „Wirklichkeit" ist in ihrem Wirken ohnehin nur ausschnitthaft erkennbar, bleibt uns solche verschlossen. In ihrer Komplexität bleibt sie für uns verhüllt und unvorstellbar, stets im Wandel, allein schon auf der Erde mit einer gigantischen Zeitdimension versehen und gibt sich in Grenzbereichen oszillierend, (vgl. Quantenphysik, vgl. z. B. Welle oder Teilchen, aber nie beides zugleich). Unser Wahrnehmungs- und Vorstellungsvermögen bleibt seinerseits begrenzt, sowie durch unsere Individuation zersplittert und ebenso im steten Wandel begriffen.

Wir schreiben also eine Geschichte der Vereinbarungswahrheiten.

Mit unseren Wahrheitsübereinkünften versuchen wir, uns Halt zu verschaffen. Diese, unsere vereinbarten Wahrheitsvorstellungen, haben für unseren sozialen Zusammenhalt ja eine hohe Bedeutung. Unsere Sehnsucht nach „objektiven" Wahrheiten, oder gar nach „der" Wahrheit schlechthin ist groß. Zuweilen schließt sie auch Phantasievorstellungen ein, sofern wir diese brauchen, um unser Zusammenleben zu stabilisieren. Zum Beispiel die Phantasievorstellung, Geld an sich (der Geldschein) hätte einen Wert., aber da sind wir wieder bereits im Bereich des Mythischen und seiner Bannkraft (s. Leitfrage 3).

Natürlich gibt es daneben auch den Bereich der besonderen, der individuellen „Wahrheiten". Vielleicht ist er gut charakterisiert mit dem Satz: „Nach meiner festen Überzeugung gilt, dass …" Für die jeweilige einzelne Person haben diese individuellen Vorstellungen einen hohen Wahrheitsgehalt, zum Beispiel als Wertentscheidungen, als Glaubenserfahrungen, ja sogar als Welt- und Menschenbilder. Jede(r) wird zum Beispiel eine individuelle Vorstellung davon haben, worin seine/ihre „wahre" Würde als Mensch besteht.

Das Problem besteht natürlich darin, dass diese rein individuellen „Wahrheiten" in den sozialen Prozess des Ringens um Vereinbarungswahrheiten nicht unmittelbar eingebracht werden können, auch deshalb nicht, weil sie zum Teil auch vorsprachlicher Natur sind (vgl. Wittgenstein, Searle). Innerhalb des allgemeinen gesellschaftlichen Rahmens sind sie indes durchaus zu achten.

Schwierig wird es, wenn eine einzelne Person ihre „Wahrheit" aus dem Bereich des Individuellen partout verallgemeinern will. Solange sie sich indes ausdrücklich von einer individuellen Wahrheit getragen gibt und dabei keine unserer gültigen Vereinbarungswahrheiten grundlegend in Frage stellt, kann ihr mit einer aktiven Toleranz wohlwollend begegnet werden. Warum sollten private „Wahrheiten" unzulässig sein?

Unsere unentwegte Produktion von individuellen Vorstellungen hat allerdings zugleich eben einen eher psychologischen als logischen Charakter. Hier zeigen sich u.a. zwei Grundlinien:

1. Unser Hang zu Ignoranz; unangenehme Vorstellungen lehnen wir zumeist ab.

2. Unser Trieb zum Lebensoptimismus, wir aktivieren in uns Hoffnungen auf Besseres, auf „Wahres".

Damit geraten wir in den größeren Rahmen von Erkenntnis und Interesse (s.Habermas) Dieser Rahmen ist zunächst einmal als ein individuelles Erkenntnisproblem gegeben, steht aber weiter ausgreifend im Geschichtsprozess unserer Erkenntnisinteressen.

Fragwürdig ist und bleibt es, auch mit dem Blick auf das soeben unter a) und b) Festgehaltene, dass wir, wie seit der Kopernikanischen Wende vorherrschend geschehen, aus den genannten Unmöglichkeiten einer „objektiven Wahrheitsfindung trotzig und einfach uns auf einen allein anthropozentrischen Erkenntnisstandpunkt als eine "Lösung des Problems" versteifen. Auf der individuellen Ebene wäre dies dann der Solipsismus.

Es spricht vieles dafür, dass das Moment der Vereinbarung, auf welches wir bei der Suche nach „Wahrheit" verwiesen sind, eine grundlegende Bedeutung für das natürliche Leben schlechthin hat. Solipsismus und Anthropozentrismus sind Standpunkte, die nicht nur in erkenntnistheoretischer Sicht zu kritisieren sind, sondern auch weil sie ethisch, sozial und ökologisch den Prozess der Vereinbarung nicht wirklich anerkennen können. Dies wäre zu vertiefen, was hier aber unterbleiben soll.

Die Natur hat uns nicht das Recht gegeben, uns zum Nabel der Welt zu erklären, nur deshalb, weil wir sonst die Welt in „Wahrheit" nicht erkennen könnten. Wir sollten uns mit der Natur vereinbaren in Demut und uns ins rechte Verhältnis zu setzen.

Was folgt aus der Erkenntnisfrage für die persönliche Geisteshaltung?

Da wir unser Leben im Rahmen der gesamtmenschlichen Wahrheitsübereinkünfte führen, macht eine individuelle, oder gruppenspezifische „Wahrheits"findung mit dem Anspruch auf Verallgemeinerung keinen Sinn. Regelmäßig wird hier gegenüber dem mühsamen Prozess, Vereinbarungswahrheiten zu erarbeiten, intolerant eine „höhere", oft auch eine „absolute" Wahrheit für sich in Anspruch genommen.

Vordringlich geht es bei der Wahrheitsfrage aber gar nicht um eine „Wahrheit an sich". Eine solche gibt es im Horizont des Menschlichen nicht. Vordringlich ist der soziale Zusammenhalt, das friedliche Miteinander, die demütige Bereitschaft, sich in den Geschichtsprozess der Arbeit an Vereinbarungswahrheiten einzufügen, die gemeinsame Sprache zu finden, naturverträglich zu bleiben.

Am Beginn des Textes wurde angedeutet, wie sehr Schopenhauer mit Entlehnungen aus dem Hinduismus das Faktum der Individuation bedrückte. Heute wissen wir mehr über die psychologischen Formationen und Deformationen innerhalb der individuellen Psyche, auch über die Sehnsucht, mit dem Großen und Ganzen wahrheitsgemäß identisch zu sein.

Es ist nicht leicht sich selbstkritisch in Frage zu stellen, sich klein zu machen, auf eine Erlösung aus der individuellen Vereinzelung zu verzichten, demütig zunächst einmal das Vorfindliche anzunehmen, um dann in einem zweiten Anlauf an seiner Verbesserung mitzuwirken. Leichter, verführerischer ist, von konstatierten „Wahrheiten" auszugehen.

Der Hochmut der geistigen Vermessenheit ist eine Falle, besonders für edle Gemüter mit Erlösungsabsichten. Aktive Toleranz und pyrrhonische Urteilsenthaltung sind hilfreich. Und so erheben wir unser Stimmchen im Konzert der menschlichen Kommunikation, versuchen das Positive zu verstärken (z. B. das Tugendbewusstsein) und die vielen Fehlentwicklungen zu kritisieren.

12 Soll der Mensch in Furcht und Hoffnung leben?

12.1 Soll der Mensch in Furcht und Hoffnung leben?

Wenn du auf der Palliativstation liegst, bleiben dir zuletzt nur Furcht und Hoffnung. Grund genug, einmal darüber nachzudenken, wie sehr wir bei diesen beiden großen Gefühlen manipulierbar sind und manipuliert werden.

Es wird dabei angebracht sein, diese Frage mit einiger Ausführlichkeit anzugehen, denn es ist nicht so leicht, sich darüber bewusst zu werden, wie sehr wir von Furcht und Hoffnung vereinnahmt sind, und wie schwer es ist, sich dabei ehrlich zu machen.

Der nachfolgende Text beginnt mit einer Gegenüberstellung zweier großer französischer Denker, Michel de Montaigne und Blaise Pascal. Der Grund: Sie hatten höchst unterschiedliche Zugänge zum Sterben und zum Tod.

Wenn dich dieser Ausflug in die Philosophiegeschichte nicht sonderlich interessiert, kannst du den Anfang des Textes durchaus überschlagen. Einen Aspekt aber solltest du den ganzen Text hindurch im Auge behalten: Wie steht es um unser Traditions- und Mythengepäck, wie wir es mehr oder minder bewusst mit uns herumtragen und welche Bindungen an die Grundgefühle der Furcht und der Hoffnung sind hierbei gegeben? Furcht und Hoffnung werden im Alter ja nicht kleiner, und die Zeit drängt.

Dolf Sternberger, mein akademischer Lehrer, den ich bis heute bewundere, hat mit seinem sicheren Gespür in zwei Aufsätzen die tiefe Differenz zwischen den beiden großen französischen Denkern Michel de Montaigne und Blaise Pascal aufgesucht. Diese zwei kleineren Arbeiten haben beider Tod zu ihrem Thema und was sie dabei fühlten und dachten.

Es zeigt sich ein Widerspruch ganz grundsätzlicher Art. In den TV-Talkshows, wenn es um das Für und das Wider eines ärztlich assistierten Suizids bei Schwerstleidenden geht, wird ja diese Kluft nur andeutungsweise sichtbar.

Über ‚Montaignes Tod' schrieb der damals 35 Jahre alte Sternberger mitten im Krieg 1942 Der Aufsatz ‚Pascals Tod' wurde erst 20 Jahre später 1962 verfasst. Sternbergers Dissertation datiert aus den Jahren 1932-34 und hatte den Titel: ‚Der verstandene Tod. Eine Untersuchung zu Martin Heideggers Existenzialontologie', geschrieben unter der Ägide des namhaften Theologen

Paul Tillich. Ich zitiere im Folgenden aus der elfbändigen Sternberger Gesamtausgabe, Insel Verlag, 1977ff. Bd. 1, in dem alle drei Arbeiten versammelt sind.

Die Dissertation ist noch geprägt von einer gedrechselten, auch spitzfindigen und abstrahierenden Begrifflichkeit, die der Theologie als solcher, dem Geist der Zeit, Heidegger und auch Hegel, der einbezogen wurde, geschuldet ist. Zudem ist es eben die Doktorarbeit eines Mittzwanzigers. Allerdings werden auch Nietzsche einbezogen und sogar Michel de Montaigne, den die Schulphilosophie (und die Schultheologie ohnehin) ja bekanntlich weitestgehend meiden.

Für Montaigne, er lebte im 16. Jahrhundert, waren Leben und Tod als das hinzunehmen, was beide offensichtlich für ihn waren, nämlich ein natürliches Geschehen, das seinen unergründlichen Geist in sich selber trägt, ungeachtet dessen, was unsere Vorstellungen darüber auch seien. Montaigne wollte vor allem sich selbst, sein hiesigesLeben und sein Sterben beobachten und beschreiben. An die Schwelle des Todes geriet er mehrmals.

Pascal lebte ungefähr zwei Generationen nach Montaigne. Seine Auseinandersetzung mit dem Tod war eine ganz andere. Das vorfindliche Leben konnte für ihn überhaupt kein Maßstab sein. Der Tod eines Menschen sei grundsätzlich anders als der Tod irgendeines beliebigen Lebewesens. Wir seien doch als geistige Wesen dazu aufgerufen, im Tod einen Sinn zu finden.

In seiner Dissertation im Zuge der Auseinandersetzung mit Heidegger tritt bei Sternberger Blaise Pascal noch nicht sonderlich hervor. Es bleibt schon erstaunlich, dass dieser dann erst 1962, also 30 Jahre später, eine gesonderte Würdigung erfährt. Der nunmehr 55 Jahre alte Sternberger, inzwischen ein etablierter Politikwissenschaftler und ganz ausgefüllt mit diesseitigen Themen, sieht sich veranlasst, über Blaise Pascal zu schreiben und für diesen tief religiösen Denker Partei zu ergreifen.

Sternberger fühlte sich offenbar gedrängt, seine frühe Kritik an Montaigne aus der Dissertation zu untermauern. Bei Pascal finde sich, „die klarste und knappste Darstellung von Montaignes Ansichten und zugleich die schärfste und tiefste (dialektische) Widerlegung derselben." (S. 54) Es ist also mehr als eine diskursive Kritik; eine solche Widerlegung beansprucht eine Ausschließlichkeit. Pascals in sich konsistente Sichtweise konnte auch keine andere sein.

Ist nun unser Tod ein lediglich kontingentes Ereignis (Montaigne) oder zeigt sich im Tod, dass wir Menschen im Grunde „nicht von dieser Welt" sind, dass unser Tod in seiner Übernatürlichkeit zu sehen ist (Pascal)?

Pascal steht für die mit aller Wucht vorgetragene Aufforderung, der Mensch müsse über sein bloß gegenwärtiges Dasein hinauskommen. In seinem gegenwärtigen irdischen Leben sah dieser Denker nichts als Elend. Ein Elend, das wir uns in aller Deutlichkeit vergegenwärtigen sollen und von dem wir uns letztlich nur im Tod erlösen können.

Zunächst liest man in Sternberger Aufsatz zu Pascal dazu das hinlänglich Bekannte. Das Genie Blaise Pascal wurde nur 39 Jahre alt, war einerseits der bedeutende Naturwissenschaftler und andererseits der eindringlich formulierende Verfechter einer rigoros verstandenen Gnadenlehre. Sein ganzes Leben kann als eine, letztlich auch von ihm selbst bewusst gewollte, Tragödie gelten. Sternberger: „... er lebte leidend und er sah das Leben als ein Leiden an, als eine Passion." (S. 57)

Pascal: „Die Krankheit ist der natürliche Zustand des Christen." Unser Leiden ist ein Leiden in der Nachfolge Christi - wie sonst könnten wir uns davor bewahren, an die Welt zu verfallen? Sternberger bemerkt zu Recht, dass der scharfe Denker Pascal hierbei ganz in sein Daseinsgefühl versenkt ist. Erst dieses tiefe emotionale Bemühen um eine Distanz zur irdischen Welt mache es uns möglich, dann auch Furcht und Hoffnung in ihrer ganzen Tiefe zu erfahren.

Jeder Mensch, ob gläubig oder ungläubig, lebt in Furcht und Hoffnung. Es sind Grundgefühle, die auch dem Tierreich eigen sind. Für das Christentum und für Pascal in verstärkter Weise haben wir indes die Aufgabe, uns in ein „richtiges" Verhältnis zu diesen beiden Grundgefühlen zu begeben. Furcht und Hoffnung sind gottgewollt und gottgegeben, wir haben uns in ihnen zu halten, in Gottesfurcht und in der Hoffnung, dass uns am Ende unseres irdischen Leidens, die Gnade Gottes zu Teil werde.

So sei unser Tod eben kein bloß natürlicher Vorgang, sondern müsse in seiner übernatürlichen Bedeutung erfasst werden. Gott habe uns den schließlichen Tod verordnet, um uns zu reinigen. Wir haben so allen Grund uns vor dem Tod zu fürchten, aber in dieser großen Furcht wächst uns auch Hoffnung zu und Trost. „So ist der Tod der Beginn der Seligkeit der Seele und der Beginn der Seligkeit des Leibes." (Pascal zit. nach Sternberger S. 60)

Dolf Sternberger stimmt dem uneingeschränkt zu. Auch im fortgeschrittenen Alter bleibt er damit seiner Grundposition zu Leben und Sterben treu, wie er sie in seiner Auseinandersetzung mit dem ‚diesseitigen' Heidegger entwickelt hatte (was noch etwas näher erläutert werden soll). Der Tod müsse in seiner metaphysischen Bedeutung gesehen werden, die über alles bloß Natürliche und auch über alles bloß Rationale hinausgeht und uns in unserem gerade auch gefühlten Dasein wirklich erfasst.

Der Mensch soll sein Leiden demgemäß nicht abweisen. Wir müssen Krankheit, Leid und Tod ertragen wollen, um unseres metaphysischen Bezuges willen. Es ist dies vor allem eine Gefühls- und Willensentscheidung, die jenseits aller Vernünfteleien im Sinne eines Common Sense liegt. Indem wir unser Kreuz auf uns nehmen und ausharren, können wir darauf hoffen, heil zu werden; allerdings bleiben wir auch in der großen Furcht vor dem Gottesgericht, denn diese Furcht hilft uns, auf dem rechten Weg zu sein.

Ein guter Christ zu sein, heißt sein Ego zu entmachten. Das Ziel muss eine Zerknirschung der superbia sein, des Sein-Stolzes (näheres dazu, Leng, Die Dimensionen der Demut). Selbst leidend anderen Leidenden in Liebe beizustehen, das Leiden nicht zu fliehen, darauf komme es an.

Lässig eine solche Lebens- und Leidensauffassung, eine solche Welt und Gottessicht als historisch und vergangen abzutun und sie in die Ecke einer Minderheitsmeinung zu stellen, verkennt ihr emotionales und voluntaristisches Gewicht und verleugnet, dass wir uns hier nicht auf einer Verstandesebene bewegen. Die am Mythos ausgerichtete Vorstellung ist auch heute noch ganz gegenwärtig, wenngleich oft nur in Andeutungen angesprochen, zum Beispiel auch von Palliativmedizinern. Es sind die sogenannten Gewissensgründe.

Heideggers Existenzialontologie wird vom jungen Sternberger in seiner Dissertation kühl seziert und abgewiesen. Dessen ‚Vorlaufen zum Tode' in Angst und in „Sorge" bleibe auf die Diesseitigkeit des Lebens beschränkt. Heidegger könne weitgehend nur eine bloß eine Denkübung bieten, von der her der übergreifende Sinn von Schuld, Tod und Erlösung nicht erschlossen würden. Wesentlich sei vielmehr „Hölle und Tod zu öffnen, um uns aus der Gefangenschaft zu befreien – nicht um sie (wie Heidegger) zu ‚erschließen' und derart erst oder wieder in sie hineinzuführen! Solches Erschließen von Sein erhebt den Tod als diesseitig und die ‚Nichtigkeit' zum Sinn ihrer selbst." (S. 262) Auch für Sternberger darf der Tod kein „diesseitiges" Ereignis sein.

Es ist ein Grundvorwurf, der etwas vertrackt daherkommt. Wer wie Heidegger seinen Gedanken- und Gefühlshorizont auf das Irdisch-Weltliche beschränkt, beweise sich notwendig selbst, dass sein Vorhaben in ein ‚Nichts' führt. Er könne so ein angemessenes Verhältnis zum Tod nicht finden, sich nicht aus der „Gefangenschaft" befreien.

Dass unser Leben nur zu oft von uns als eine Last empfunden wird, ist eine einfache Lebenstatsache. Hieran knüpft die religiöse Überhöhung aber nur an. Das Leben soll als eine irdische geistig-seelische Gefangenschaft begriffen werden, aus der wir im Tod erst wieder befreit und erlöst sein können. Heideggers Rede von einem nachtodlichem „Nichts" musste Sternberger als eine Gotteslästerung empfinden.

Sternberger honoriert zwar, wie Heidegger sich freikämpfen will, um über das alltägliche „man" stirbt hinauszukommen, wie er also die bloße Natürlichkeit unseres Sterbens eben auch nicht fraglos hinnimmt. Aber dieses existenzialontologische Bemühen stillt sein übergreifendes Bedürfnis nach einem uns haltenden „Sinn" nicht. So schließt denn auch die Dissertation, etwas kryptisch formuliert, damit, dass sich bei Heidegger kein Trost finden lässt. Wie aber können wir ohne diesen Trost unserem Tod entgegen sehen?

Anders Montaigne; ungeachtet seiner angepassten Haltung an Kirche und Christentum, benötigte er diesen Trost offensichtlich nicht. Seine souveräne Hinnahme unseres Lebens und unseres Todes in seinem natürlichen Ablauf hatte der Renaissancemensch Montaigne seinen intensiven Studien der Zeugnisse aus der vorchristlichen Antike zu verdanken. Ein gutes savoir vivre schloss für ihn ein gutes savoir mourir ein. Das gute Leben wie der gute Tod sind eine höchst persönliche Gestaltungsaufgabe.

Begriffliche Seinskonstruktionen, darunter hätte gewiss auch Heideggers Existenzialontologie gezählt, waren für den Landedelmann das mühsame Werkeln einer „Vernunft" der Philosophen und Theologen, welches man getrost beiseite lassen könne.

Ein Schlüsselerlebnis war für Montaigne, dass er bei einem Ausritt mit Gefolgsleuten mit seinem Pferd schwer stürzte. Er fühlte, wie er später schrieb, bei diesem Unfall, bei dem er aufgrund innerer Verletzungen viel Blut verlor, den nahenden Tod ganz deutlich. Dabei machte er auch jene Nahtoderfahrung, wie sie des Öfteren geschildert wird, jenes Erlebnis von einem Tunnel, an dessen Ende ein weißes Licht leuchtet. Weiter ausgesponnen wird dies indes von ihm nicht.

Zu aller Überraschung blieb er am Leben und kam für sich zu der Erkenntnis, hoppla, der Tod ist ja ein sanftes Hinübergleiten. Er erlebte, wie der Tod herannaht, aber nicht wie Pascal ihn stilisiert hat, als ein „großes Übel", sondern als ein schlichtes Ereignis, als solches eher belanglos und banal.

Selbstredend gibt es keine direkten Antworten Montaignes auf Pascal der im 17. Jahrhundert lebte, das durch den heraufziehenden Absolutismus geprägt ist. Aber dem im Dienst der katholischen Seite stehenden Vermittler zwischen den religiösen Fronten in den französischen Bürgerkriegen des 16. Jahrhunderts Montaigne waren genügend solcher „Himmelsstürmer", wie er sie nannte, begegnet.

Viele der theologischen Fragen ließ er schlicht auf sich beruhen und einiges von seinem Heidentum muss in den Essays zwischen den Zeilen gelesen werden. War doch die Zensur in Rom wachsam. Zurückgezogen in den Turm seines Schlösschens las er vor allem Plutarch, zum Beispiel dort den Satz: „Der Tod ist das Ende aller Dinge, nur des Aberglaubens nicht." Im Tod, wie er nun einmal alle Lebewesen betrifft, sah Montaigne am Ende nur das einfache Walten, der von ihm hochgeschätzten „weisen Mutter Natur". Kein irgendwie besonderes Ereignis. Warum so viele Mythologisierungen an ihn knüpfen?

Bei aller Wertschätzung, ja Bewunderung, die er diesem eleganten Franzosen aus der Zeit der Renaissance zollt, weist nun Sternberger eine solche Auffassung vom Leben und Sterben ab. Sie ist ihm zu sehr an der schlichten Kontingenz des Lebens und des Sterbens orientiert; sie ist ihm vor allem zu bequem.

Der Tod sei für uns Menschen etwas anderes als bloße Natur, Kontingenz und schlichtes Fatum. Wir seien als geistige Wesen dazu aufgerufen im Tod einen Sinn zu finden. Und diese Sinnfindung sei ohne ein mythisches Bestreben, ohne eine Orientierung am Mythos nicht möglich. Der Tod des Menschen sei doch mehr als der Tod irgendeines anderen Lebewesens, und der Grund hierfür sei – auf den ersten Blick mag dies etwas überraschen – die Sprache. Unsere Sprache sei nicht lediglich eine dem Menschen eigentümliche Kompetenz, die das Verständigungsvermögen der Tiere hinter sich lasse, sie sei etwas Höheres, Göttliches.

In der Sprache „banne" uns der übergreifende Mythos, und wir finden einen Weg, der über uns selbst hinausführt. Die stoische und epikureische Haltung, wie sie Montaigne gegenüber dem Tod einnimmt, in dem er im Sterben lediglich ein kontingentes Ereignis sieht, sei eine Verarmung von uns Menschen als Wesen mit Sprache und Geist.

Sternberger räumt zwar ein, man könne in dieser Haltung Montaignes hinwiederum auch eine gewisse Souveränität gegenüber dem blinden Walten der Natur sehen, eine vornehme, furchtlose Selbstdistanzierung. Die Macht der Natur sei aber nur gebrochen, „weil aller ‚Sinn' und alle mythische Bedeutung aus ihr ausgezogen ist: so bleibt der gleichgültige Zufall des Todes selber, höchst spürbar, höchst faktisch zwar, aber nicht mehr bannend." (S. 211)

Es ist diese vertrackte Frage nach dem „Sinn", die uns noch weiter beschäftigen muss. Muss der Tod, unser Tod einen ‚Sinn' haben, und wer soll der „Sinnstifter" sein? (s.u.)

Warum soll uns in religiöser Sicht der Tod bannen? Die theologischen Argumente hierzu hat Sternberger in den Anmerkungsapparat seiner Dissertation versteckt. Er war sich sicherlich dessen bewusst, dass sich mit diesen Argumenten Hochemotionales verbindet. So wird in einer dieser Anmerkungen beispielsweise aus der Offenbarung des Johannes Vers 17-18 zitiert: „Fürchte dich nicht! Ich bin der Erste und der Letzte und der Lebendige. Ich war tot und siehe, ich bin lebendig von Ewigkeit zu Ewigkeit und habe die Schlüssel der Hölle und des Todes."

Neben unserer Fähigkeit zur Sprache, die uns ein reflektiertes Hinausgehen über unsere zunächst nur vorfindliche Natur in eine Welt des Geistes möglich macht, wird uns bedeutet, wir sollten in einer Furcht leben, die uns auf einen übernatürlichen Horizont verweist. Und auf diese Furcht folge dann das polar zu ihr stehende Gefühl der Hoffnung, mit eben diesem gleichen Bezug zu einem Übernatürlichem. In dieser Weise finden wir Trost, sofern wir mythisch richtig gestimmt sind.

Der Mythos wird als eine Befreiung, ja als eine Erlösung verstanden. Allerdings als eine ‚Befreiung', die uns nur möglich wird, wenn wir uns „bannen" lassen. Wenn nicht, bleiben wir gefangen in bloß weltlichen Bezügen - ein Spiel mit der Allegorie vom Kerkererlebnis, wie wir dies aus Goethes Faust kennen.

Es gibt die immer wieder gemachte Erfahrung – wenn es um das Übersinnliche geht und wenn auch unsere unbewussten Seelenteile angesprochen werden, darfst du tunlichst nicht in einer kritischen Distanz verbleiben. Dir wird verdeutlicht werden, nur mit der Bereitschaft zu einer fraglosen Hinnahme wirst du für dich etwas erreichen. Eine Erfahrung, die jede(r) z. B. bei einer Begegnung mit esoterischen Heilsversprechen machen kann. Der gute alte Kant hatte schon Recht, es erfordert Mut, seinen Verstand zu gebrauchen.

Mythisch gebannt zu sein, so wird sodann bei Sternberger deutlich, heißt fest im christlichen Glauben zu stehen. Wer den Tod nicht mythisch erfasst, bleibe geistig zurück, unfähig, das Höhere in sich aufzunehmen. Er/sie stirbt gleichsam einen Tod nur wie die Pflanzen und Tiere. Der Mensch aber will und muss ein Wesen sein, das über sich und sein vorfindliches Dasein hinaus kommen soll. Mit ganzer Kraft soll er dies versuchen. Das große Bemühen kann indes vergeblich sein, wenn das Erlangen der göttlichen Gnade nicht hinzukommt.

Mit der Wucht des Christentums wird der Tod für uns unverfügbar. Allein schon der Gedanke an einen Freitod muss als sündhaft gelten. Zumindest gilt dies für die theologisch-klerikale Auslegung der Bibel, wobei das Gebot, „Du sollst nicht töten!“ über allem stehen würde. (Siehe dazu aber den Beitrag bei LF2, „Und die Bibel hat doch Recht“) Eine ausgesprochene Verdammung des Suizids findet sich in der Bibel jedenfalls nicht.

Bei der Auslegung des Alten Testaments streiten die Theologen um zwei mögliche Interpretationen. Die eine Version: Gemäß seinem Schöpfungsplan wollte Gott von vornherein auch den Menschen als ein sterbliches Wesen erschaffen, ihn damit in das natürliche Sterben aller Lebewesen einbeziehen. Diese Version verschafft dem Tod des Menschen indes keine Sonderstellung gegenüber der Natur, sie würde eine Einordnung in eine naturalistische Lebensauffassung be-deuten.

Die andere Version: Erst nach ihrer Vertreibung aus dem Paradies werden Adam und Eva sterblich. Gott strafte sie mit dem Verlust des ewigen Lebens. Im Neuen Testament kommt es dann zu jener Todes- und Auferstehungsreligion, wie wir sie weitgehend verinnerlicht haben. Der Tod wird zu einem Scheidewasser zwischen Sünde und Erlösung.

Suizide werden im AT an drei Stellen erwähnt. Jedes Mal lesen wir eine eher beiläufig berichtete Ereignisschilderung, ohne dass die jeweilige Selbsttötung dabei bewertet wird. In den biblischen Text fließt eher ein, dass „verletzte Ehre“ jeweils das ausschlaggebende Motiv war. Die Furcht vor dem Ehrverlust war denn auch von der Antike an bis in unser 19. Jahrhundert hinein das häufigste und auch gesellschaftlich anerkannte Suizidmotiv.

Im NT wird nur im Matthäus-Evangelium mit einem Satz ein Suizid erwähnt. Es geht um Judas, der Jesus verraten hatte, dies dann aber heftig bereute. Als er daraufhin versuchte, den „Judaslohn“ von 30 Silberlingen an die Hohepriester zurück zu geben, wurde er abgewiesen. Er „hob sich davon, ging hin und erhängte sich selbst." (Matthäus 27,5) Eine kommentarlose schlichte Schilderung also.

Im Übrigen ist daran zu erinnern, dass das Christentum die Religion einer auch metaphysisch untermauerten umfassenden, grenzenlosen Liebe ist. Auch der „Selbstmörder" kann demgemäß die Liebe Gottes nicht verlieren. „Denn ich bin überzeugt, dass weder Tod noch Leben, weder Engel noch Gewalten, weder Gegenwärtiges noch Zukünftiges, noch Mächte, weder Höhe noch Tiefe, noch irgendein anderes Geschöpf uns wird scheiden können von der Liebe Gottes ..." (Römer 8,38f.)

Teil II

Die späteren Drohungen, Augustinus und seine Nachfolger, die Selbsttötung sei eine ganz besonders schwere Sünde, sind kirchengeschichtliche Festlegungen. Die Kirche musste handeln, weil in der spätrömischen Zeit zahlreiche der frühen Christen mit Freude den Tod suchten, als Sprung in die Seligkeit.

Wenn wir genauer hinschauen, so muss an der Sternberger-Vorgabe, wir sollten uns vom Mythos bannen lassen, also auch insofern gezweifelt werden, dass die Autorität, der wir da folgen sollen, gar nicht im Mythos selbst gegeben ist, sondern in seiner klerikalen Interpretation. Was uns da bevormundet, ist eine Autorität, die allein von Menschen hervorgebracht wurde. Historisch war und ist es eine übermächtige Autorität.

Die klerikale Bevormundung hätte sich in der Suizidfrage, wenn sie ihre Legitimierung in Vernunftgründen gesucht hätte. Der Mythos und seine kirchliche Auslegung muss an unsere Gefühle appellieren, nicht an unser Denken, denn dieses bringt stets Zweifel hervor.

Furcht und Hoffnung sind zwei Gefühle, die zugleich tief in unseren Triebbereich hineinreichen. Unser Denken und Vorstellen wird also nicht nur emotional agitiert, sondern auch durch unsere Triebwelt. Der Lebenstrieb bildet das Unterfutter für Furcht und Hoffnung.

Mythos und Kirche mussten also in unserem Seelenhaushalt nichts grundlegend Neues kreieren, sie mussten lediglich die antike Verstandeskultur zurückdrängen, unseren Willen zum Leben agitieren und uns in der ‚richtigen' Weise emotionalisieren. Zweifel kann man ausräumen, Theorien lassen sich gegebenenfalls abräumen, Willenstrieb und grundlegende Gefühle lassen sich allenfalls zeitweilig verdrängen. Zumindest latent sind sie immer da.

Wer also dahin kommen will, wo Michel de Montaigne offenbar war, nämlich den Tod in seiner Belanglosigkeit zu sehen, muss sich also gründlich befragen, wie es um seinen gelassenen Umgang mit seinen Gefühlen bestellt ist.

Unsere mythologisch aufgeladenen Gefühle der Furcht und der Hoffnung sind auch deshalb auf den uns immer drohenden Tod gerichtet, g weil wir als Menschen offenbar Wesen sind, die danach streben, vielleicht dazu gezwungen sind, grundlegend über uns selbst hinaus zu kommen. Andres gesagt, wir sind augenscheinlich fähig und willens zu Transzendenz. Die relativ kurze Zeit unseres Lebens, unseres Da-Seins, wünschen wir uns eingebettet in einen größeren metaphysischen Zusammenhang jenseits unseres biologischen Lebens. Ein strikter atheistisch und materialistisch ausgerichteter Mensch mag über solche ‚Kindereien' stolz hinwegsehen, aber unser Bedürfnis nach einer Transzendenz ist so deutlich und groß, dass wir wiederum einen solchen Atheismus und strikten Materialismus als abwegig empfinden.

Indes sollten uns doch kurz an die Gegenströmung der Aufklärung erinnern, wie sie uns geläufig ist und in jenem berühmt gewordenen Satz Immanuel Kants zusammengefasst werden kann: Habe den Mut, dich deines eigenen Verstandes zu bedienen.

Ein wenig trivial aufklärerisch könnten wir die Sternberger/Pascal-Metapher von der Gefangenschaft im Kerker unserer irdischen Beschränktheit schlicht umkehren. Verblendet in ihrer Gefangenschaft sind nicht „die an die Welt Verlorenen", sondern die mythisch in ihrer Glaubenswelt Gebannten. Ihnen fehlt der Mut, sich von illusionären Vorstellungen zu lösen.

Kämpferische Atheisten fühlen sich allen denjenigen, die an einem religiösen Bekenntnis festhalten, intellektuell überlegen und sie stützen sich dabei auf ein (natur)wissenschaftliches Weltbild. Alles andere sei hinterwäldlerisch und historisch überholt. So kommt es dann zuweilen zu den durchaus unterhaltsamen Streitereien zwischen Theisten und Atheisten, ob es einen Gott gibt oder nicht.

Dies ist indes eine törichte Frage. Gott lässt sich bekanntlich weder beweisen noch wegbeweisen. Dieser Streit gehört primär auch nicht auf die Ebene des argumentativen Denkens, sondern in den Bereich des Fühlens und Wollens. Auch ein entschieden atheistisches Weltbild kann „bannen".

Es ist hier nicht der Ort, näher zu begründen, dass der Wissenschaftsglaube eben auch ein Glaube ist, der seine metaphysischen Annahmen bei genauerer

Betrachtung nur schwerlich verleugnen kann. Von Richard Feymann, einem bekannten Physiker und Nobelpreisträger stammt das Bonmot: „Naturwissenschaft ist der Glaube an die Unwissenheit der Experten." Wir können ‚die wahre Wahrheit' nicht wissen, weil es die objektive oder gar die absolute Wahrheit für uns gar nicht gibt. (Siehe dazu bei LF 2 meinen Text, Ein kleiner demütiger Blick auf unser Erkenntnisvermögen).

Wer von sich behauptet, sich ausschließlich am naturwissenschaftlichen Weltbild zu orientieren, läuft Gefahr, seine Gefühle nicht genügend einzubeziehen. Und wenn dann der Tag da ist, „Hand an sich zu legen", wie Jean Améry es genannt hat, schießt das Verdrängte hoch. Wenn wir differenziert und gelassen unserem Freitod entgegen gehen wollen, müssen wir ihn deshalb vor allem auch in unseren Gefühlen durchgearbeitet haben. Und wir müssen anerkennen, dass es sich um eine psychosomatische Entscheidung handelt, unser Körper, unsere Gefühle, unsere Triebe, der Mythos in uns, alles ist im Spiel.

Jean Améry fiel der Freitod am Ende sehr schwer, ungeachtet seiner existenzialistisch-heroischen Gedankengänge, Walter Jens hat eindrucksvoll vom Freitod geschrieben, ohne diesen am Ende umsetzen zu können. Friedrich Nietzsche konnte sein Plädoyer zum „freien Tod" nicht überprüfbar machen, weil ihn der Schicksalsschlag des Wahnsinns ereilte. Beim wohlerwogenen Freitod kann man nicht den Helden spielen.

Letztlich sehr problematisch ist allerdings auch das Ausweichmanöver, indifferent dem Namen nach ein Christ zu bleiben, sich zurückzulehnen und dann zu sagen, ich bin Agnostiker und nehme halt von jedem etwas. Was weiß denn der Agnostiker - weiß er am Ende gar nichts? Wie bindet er an diese Haltung seine Gefühle? Beide Gefühle, die wir hier umkreisen, die Furcht und die Hoffnung, verlangen nach einer Orientierung, sie sind, wie oben gesagt, bezogen auf einen Erwartungshorizont. Hier eine Antwort bereit zu haben, ist ja Teil der großen Wirkung, die das Christentum hatte und noch hat.

Alle Religionen lehnen den Suizid ab. Es ist dies auch ihre soziale Pflicht. Wer sich konfessionell, mit einem ernsthaften Bekenntnis, an eine Religion bindet, bzw. gebunden ist, kann innerhalb dieser Bindung keine Legitimation für seine Freitodentscheidung finden. Der Freitod zeigt sich als die Inanspruchnahme einer subjektiven Autonomie gegenüber Gott.

Nicht unbedingt muss dem ein besserwisserischer Atheismus oder eine agnostische Gleichgültigkeit entgegen gestellt werden. Es gibt die Position eines „therapeutischen Atheismus" der sich an der eigenen Persönlichkeitsbildung orientiert. Im Fokus stehen dann nicht Fragen wie, gibt es Gott oder gibt es da nichts, sondern hingearbeitet wird auf eine Persönlichkeitsbildung, wie sie für das politische Zusammenleben in einer modernen Demokratie erforderlich ist. Nicht nur die Option für den Freitod verlangt nach einer starken Persönlichkeit. Auch demokratische Gesellschaften setzen an sich voraus, dass ihre Mitglieder fähig sind, zu einer eigenständigen, abgewogenen und verantwortlichen Urteilsbildung zu gelangen; einer Urteilsbildung, die auch den Gefühlsanteil hierbei einschließt. Die Kompetenz, eigenverantwortlich zu sein und sich verantwortlich für das Gelingen eines demokratischen Gemeinwesens zu fühlen, schließt indes aus, Bevormundungen zu folgen, aus welcher Richtung sie auch immer kommen mögen. Die Religionsfrage als solche muss dabei nicht apodiktisch entschieden werden.

Die eigene Gewissensbildung sollte also nicht gesinnungsethisch sondern verantwortungsethisch sein (vgl. Max Weber). Eine dogmatisch-fanatische „Rechtgläubigkeit“, wie sie z. B. auch die nordamerikanische Kleinkirchen und Sekten einfordern, ist damit natürlich nicht zu vereinbaren. Es sind ja immer Ableitungen und Interpretationen, denen wir uns anschließen sollen, um unser ‚Seelenheil‘ zu retten.

In uns aber lebt und ruht eben diese lange Geschichte aus Mythen, religiösen Glaubensvorstellungen, philosophischen Metaphysiken, Ideen, moralischen Wertungen und Tugenden. Es sind Traditionen, die uns zu dem gemacht haben, was wir sind. Ein Atheist aus therapeutischen Gründen wird zu differenzieren haben.

Wir wollen unsere eigene Würde finden, nicht in der Weise einer aufgeregt emanzipatorischen „Selbstverwirklichung“ nicht in einer losgelösten Autonomie (die es gar nicht geben kann) sondern mit einem ruhigen, urteilenden Blick auf die Interpretationen dessen, was die nordamerikanischen Indianer in einer weisen Begrifflichkeit DAS GROße GEHEIMNIS nannten und auf das uns einige unserer Gefühle und spirituellen Bedürfnisse hinweisen. Mythologisierungen und „Geboten“, wie sie uns geschichtlich von anderen Menschen vorgegeben wurden und auch gegenwärtig noch werden, aber müssen wir nicht blind folgen. Gebote und Verbote gehören heutzutage auf die Ebene eines gut ausgebildeten Rechtsstaats.

Auf die Aussage Sternbergers, dass es die Sprache ist, die uns in den Mythos banne, sollten wir noch einmal zurückkommen. Wir geraten damit in die Sprachphilosophie und diese ist bekanntlich eine haarige Angelegenheit. Hernach werden wir uns wieder den beiden Gefühlen, dem der Furcht und dem der Hoffnung zuwenden.

Bei seiner Arbeit in der Politikwissenschaft ist Dolf Sternberger stets auch ein Literat geblieben. Wortschöpferische und zugleich treffende Formulierungen zu finden war ihm ein Anliegen. Wenn wir von „treffenden Formulierungen" sprechen, sind wir allerdings bereits mitten drin in den sprachphilosophischen Problemen. Wen oder was treffen wir mit unseren Worten? Und was hat es zu bedeuten, wenn von einem „Geist der Sprache" die Rede ist?

Unser Sprachvermögen wurde nach der biblisch-christlichen Auffassung nicht von uns selbst hervorgebracht und evolutionär entwickelt, sondern es ist dies ein Gottesgeschenk an den Menschen, welches uns ermöglicht, den göttlichen Geist in und hinter den Dingen zu erfassen und in uns aufzunehmen. In unserem Sprachvermögen würde uns deutlich, dass wir wirklich geistige Wesen sind, eben besondere Gotteskinder. In der Sprache erst würde uns das Metaphysische offenbar.

Vor dem Einbruch des Christentum in die antike Welt stritt man sich allerdings bereits heftig darüber, was Sprache ist und was sie vermag. Wohnt den Dingen zweifelsfrei ein wesenhafter Geist inne, den wir dann erst mit unserem ‚Geist der Sprache' zum Ausdruck bringen?

Eine solche Auffassung lässt sich als Begriffsrealismus bezeichnen, wie er in dem berühmt gewordenen Universalienstreit des Mittelalters vertreten wurde. Zumindest auf die grundlegenden Allgemeinbegriffe bezogen meinte der große Thomas von Aquin , dass diese Begriffe objektiv wahr seien, eben weil sie das Wesen der Dinge zum Ausdruck bringen.

Die zunächst eher zaghaft vorgetragene Gegenposition war die des Nominalismus. Gemäß dieser Auffassung sind es allein wir Menschen, die aus sich heraus die Begriffe hervorbringen, um sie dann in einer Kommunikation mit den Mit-menschen zu verallgemeinern und ihnen eine Quasiobjektivität zu verleihen. Die Sprache wird so betrachtet also zu einer allein im Menschlichen zu suchenden Fähigkeit der Kommunikation. Wir werden auf die nominalistische Position noch einmal zurückkommen, bei einem kurzen Blick auf die Linguistische Wende, dem linguistic turn im 20. Jahrhundert.

Zunächst ist der Begriffsrealismus ernst zu nehmen. Sein Gedankengang, oder man kann auch sagen Glaubensweg, lässt sich gut nachvollziehen. Er hat Überzeugungskraft, sobald man sich auf seine Voraussetzungen und Axiome einlässt. In der Gegenwartsphilosophie sind es vor allem die Phänomenologen und die Ontologen, die im Sinne einer dem Begriffsrealismus zugeneigten Philosophie über den Geist der Dinge und über unser Bewusstsein als einer Teilhabe an ihm reflektieren.

In der Antike war es bekanntlich vor allem der Begriffsrealismus der Platoniker, an dem sich die Kyniker, die Skeptiker und Teile der Stoa kritisch rieben. In der

Philosophie des Christentums wurde Platon dann ja zu einer absoluten Autorität. Eingewoben in eine Sprach-Geist-Welt wurde geglaubt und philosophiert.

Eines der grundlegenden Axiome im Begriffsrealismus besteht darin, dass es einen (göttlichen) Weltgeist gibt, der im Metaphysischen aber auch im Irdisch-Materiellen seine allmächtige Wirkung entfaltet. In der Antike war dies der LOGOS, nicht gleichbedeutend mit der Logik, seiner kleineren Abart. Für den Menschen gelte es, frei von Zweifeln bemüht zu sein, sich für diesen göttlichen Logos zu öffnen und seine Worte in sich aufzunehmen.

Es ist dieses Credo verbum, dieses ich glaube an das Wort. „Am Anfang war das Wort und das Wort war bei Gott und Gott war das Wort." (1. Mos. 1.1) „Alle Dinge sind durch dasselbe (gemeint ist das Wort) gemacht und ohne dasselbe ist nichts gemacht." (1. Korinther 8.6 u.a.m.) Diese Sätze sind nicht verwunderlich, wenn man bedenkt, dass das Christentum sich als eine Schriftreligion durchgesetzt hat. Schriftlich wird Gott im Wort erfasst und verkündet.

So kommt es in der Scholastik zu jenen fest gefügten, metaphysisch ausgerichteten Begrifflichkeiten, die untereinander verschachtelt und sprachlogisch miteinander verknüpft sind und so in ihrer Gesamtheit eine hohe Bannkraft haben. Das Ringen um die Sprachhoheit hatte der Klerus dabei für sich entschieden.

Die Zweifel gegenüber einem solchen Mythologisieren und Verabsolutieren unserer Sprache kamen im antiken Griechenland schon früh ins Spiel. Auf den Dichterphilosophen Xenophanes geht der Satz zurück, „Schein ist über alles gebreitet." Wir erreichen hiernach mit unseren Worten die Dinge selbst gar nicht, weder in der sprachlichen Verarbeitung unserer sinnlich-empirischen Eindrücke, noch in einem Metaphysischen.

Sofern wir stets nur sagen können, uns „scheint" es so (oder so) zu sein, bleibt alles außerhalb von uns selbst und unserem Sagen hierüber letztlich unberührt (vgl. Rorty). Wir interpretieren nur. Unser Denken und Fühlen wird zurück geworfen auf ein Sprachvermögen, das ganz anthropomorph ist und dann bezogen auf seine „treffenden Formulierungen“ fortwährend fraglich bleibt. In einer analytischen Sprachbetrachtung ist von einer Sprache als einer Offenbarung nichts übrig geblieben.

Teil III

Alles, was lebt, folgt dem Trieb der Selbsterhaltung und der Entfaltung des eigenen Seins. Es ist der Lebensprozess des fortdauernden Fressens und Gefressen Werdens. Alles ist in Sorge um seine kleine Existenz und in der Angst um seine eigene Sicherheit. „Die Selbstliebe und der Wille, am Leben zu bleiben und sich zu bewahren, ist angeboren und ebenso der Widerwille gegen die Auflösung.“ (Seneca Epistula 82,15)

Was die Pflanzen angeht, so ist interessant, wie selbst bei ihnen der Vitaltrieb erkennbar Furcht und Hoffnung mit sich führt. Hoffnung auf Wachstum und Licht, Furcht vor den zahlreichen Fressfeinden. Pflanzen kommunizieren bekanntlich durch Düfte miteinander, und es gibt Beispiele, dass sie durch eine gezielte Abgabe von Düften sich auch gegenseitig warnen können.

Man konnte zum Beispiel beobachten, wie eine Ansammlung gleicher Bäume sich vor dem Einbruch durch eine Elefantenherde ‚verabredete‘ - durch die gleichzeitige Absonderung übler Gerüche, die den Elefanten die Lust an diesem Futterplatz nahmen.

Wenn nun also Todesfurcht und Lebenshoffnung naturgesetzlich tief in jedes Lebewesen eingepflanzt sind, so wird dies zunächst einmal bedeuten, uns darüber klar zu werden, in welcher Weise wir als Menschen damit umgehen sollen. Im Gegensatz zu den Tieren und Pflanzen verfügen wir ja über mehrere Möglichkeiten:

- wir können Gefühle, ja auch Triebe (zeitweilig) verdrängen,

- wir können Mythen bilden, die unser Gemüt ausrichten und formen, vorhandene Gefühle werden agitiert,

- wir können auf kognitiven Wegen immerhin eine ‚weise‘ Distanz gewinnen.

Philosophisch betrachtet hat Letzteres eine orientierende Bedeutung. Gegen unsere Egotriebe und Egogefühle machen wir die Stimme der Vernunft geltend. Unser Ego mit all seinem Drum und Dran ist ja sicherlich ein hoch bedeutender Wesensteil von uns, bis zu einem gewissen Grade können wir aber Übergreifendes reflektieren und uns auf ein Selbst besinnen, das mehr als nur Ego ist.

Gerade bei der Betrachtung unseres Todes besteht eine gute Gelegenheit für diese Übung. Dieses meditare mortem, die Besinnung auf den größeren kosmischen Zusammenhang, in welchem unser kleines Leben steht, sowie die Besinnung auf unser eigenes geistiges Sein, ist dann ein längerer Prozess. Verdrängen und Tabuisieren hilft nicht, wir müssen uns mit dem Tod konfrontieren. (Siehe zum meditare mortem auch LF 2 (3).)

Wenn Dieter Birnbacher (Birnbacher, Tod, 2017) herausarbeitet, der Tod sei für uns eine Gestaltungsaufgabe geworden, so bedeutet das auch, dass wir unsere Gefühle der Hoffnung und der Furcht zu gestalten haben. Birnbacher, S. 134 ff., beschäftigt sich folgerichtig mit der Todesfurcht und auch mit der Lebenshoffnung als einer Gestaltungsaufgabe.

Wir sterben ja nicht schlicht wie die Pflanzen und Tiere. Wir Menschen sind Sinnsucher; auch unsere Gefühle suchen Sinn. Insofern sind die religiösen Angebote mehr als verständlich. Und Martin Heideggers existenzialontologisches Sinnangebot entspringt letztlich dem gleichen Bedürfnis. Die Sinnsuche in einer pluralistischen Gesellschaft von heute trifft indes auf höchst unterschiedliche Angebote. Welches dieser Angebote verschafft dir die gewünschte emotionale Distanz?

Der angesehene amerikanische Philosoph Richard Rorty war zeitlebens antireligiös. Heftig hat er den Klerikalismus in seinem Land gegeißelt. In den amerikanischen Kleinkirchen gibt es ja vielerorts jenen fanatischen Fundamentalismus in Religionsfragen. Gleichwohl musste auch Rorty anerkennen, dass Religionen in der Sinnfrage ein Vakuum füllen. Die Ausrichtung allein an der Rationalität vermag dieses Vakuum nicht auszugleichen.

Das Angebot der christlichen Religion ist aufwühlend, hoffnungsfroh und furchterregend. Hinzu kommen die klerikalen Bevormundungen. Aber sich vertrauensvoll religiös zu binden, kann Sicherheit vermitteln und eine gute geistige Heimat sein.

Als Menschen werden wir stets Ideale postulieren, wollen wir uns geistig immer auf ein Zukünftiges hin entwerfen, und wir wollen dieses Zukünftige dann auch erreichen. Das ist der Hoffnungspol, dem wir folgen.

Dieses als positiv empfundene Gefühl der Hoffnung, wird indes so-gleich konterkariert von dem negativen Gefühl der Furcht. Es ist dies ja ein notwendiges Korrektiv gegenüber illusionären Versprechungen. Jede Hoffnung ist unsicher, und jede Unsicherheit erzeugt Angst. Beim Alterssuizid entsteht indes ein durchaus neues Daseinsgefühl, auf irgendeine Zukunft kommt es im Grunde nicht mehr an.

Vielleicht können robuste Naturen dieses Hin und Her der Gefühle abwehren, sie vollziehen ihren Freitod einfach so. Sie wählen sich ein äußerliches Kriterium. „Wenn ich dies oder das nicht mehr kann …"

Die anderen kommen in einen Konflikt mit ihren Egogefühlen und Egotrieben. Wenn Goethe in seinen Faust im Teil I sagen lässt, „Zwei Seelen wohnen ach in meiner Brust", so hat diese Klage eine irreführende und eine bedenkenswerte Seite. Natürlich haben wir keine zwei ‚Seelen', aber unser Ego und unser Alter Ego sind in einem ständigen Dialog miteinander. Das festzuhalten klingt ein wenig trivial, ist aber für ein bewusstes meditare mortem sehr wichtig.

In meinem Buch (Leng, Die Dimensionen der Demut, 2015) habe ich für diese zweite Instanz jenseits des Ego den Terminus, das ‚Selbst', gewählt. Von diesem Selbst aus kann eine Egoverminderung versucht werden. Gut erscheint mir auch der angelsächsische Ausdruck ‚charakter' zu sein, weil in ihm die Prozesshaftigkeit des Ganzen vielleicht deutlicher wird. Das Ego mag etwas ziemlich Festes sein, das Selbst nicht; es ist ständig im Fluss. Die Rede von einem ‚Ich' lassen wir da-bei besser fallen.

So mag Lebenskunst auch zu einer Sterbekunst werden, ohne dass von einer „Seele" gesprochen werden muss, die dann von diversen Autoritäten festgestellt, ausgemalt und auf eine ewige Zukunft hin entworfen wird. Es genügt und es ist schön, in dem Bewusstsein zu sterben, in einen fortwährenden Erneuerungsprozess eingefügt gewesen zu sein.

Sich auf den Weg der Selbstfindung zu begeben, ist etwas anderes als in der hergebrachten Weise sein Seelenheil zu suchen. Charles Taylor (Quellen des Selbst, 1996) hat in einer umfangreichen Studie aufgezeigt, wie tiefgreifend dieser Wandel zu einer Selbstfindung und Selbstbestimmung in der Moderne sich vollzog. Es ist der Weg in eine neue Identitätsbildung.

Furcht erzeugt Hoffnung und Hoffnung erzeugt Furcht. Wenn du deine Freitodabsicht in dir wachsen lässt, wirst du sehr wahrscheinlich deine diesbezüglichen Gefühle intensiver registrieren. Das kann auch einigen Spaß machen. Gefühle schwanken und du mit ihnen. (Vgl. Leitfrage 10)

Du kannst spüren, wie die Hoffnung im Sinne eines „eigentlich geht es doch noch …" ansteigt, wie du von einer gewissen Lebenslust doch eingefangen wirst.

Aber auch der nagende Lebensüberdruss wird sich melden. Natürlich meldet sich schließlich auch der Verstand, sollte er wenigstens.

Es ist eine komplexe Gemengelage, denn es gibt da kein wirkliches Zentrum in dir. Kants Rede von einer „Person" war eine viel zu statisch angelegte Begrifflichkeit. Mit begrifflichen Systematiken kommen wir nicht weiter. Auch in deinem Inneren gibt es keine übergeordnete Instanz, keinen Souverän. Das Universum selbst hat ja auch kein Zentrum. Alles ist gelebte, gewollte und bewegte Vielfalt.

Unsere frühen Vorfahren lebten in und mit dieser Vielfalt mehr oder minder distanzlos. Ihr Animismus ist gegenüber den späteren theistischen Religionen indes nicht als eine primitivere Spiritualität anzusehen. Die Menschen haben sich damals - und darin waren sie auch weise - der Natur und der ‚Welt' nicht gegenüber gestellt. Sie haben nicht wie wir abstrahiert, sich nicht in begrifflichen Konstruktionen verfangen, sie waren noch nicht ‚Subjekt'.

Im Freitod können wir uns allerdings beweisen, dass wir über die geistigen Möglichkeiten verfügen, ein ansonsten natürliches Fatum selbst zu gestalten. Wir sind dabei aber irgendwie gehemmt. Bei unseren an-deren vielfältigen Eingriffen in natürliche Abläufe besteht diese Hemmschwelle so gut wie gar nicht mehr. Verwunderlich.

Und immer wieder stellt sich jenseits aller Gefühle und Befindlichkeiten die Sinnfrage. Macht es noch Sinn weiter zu leben oder ist es nicht sinnvoller, jetzt loszulassen? Wir müssen dabei indes nicht nach einem übergeordneten Sinn fragen, so wir dies nicht wollen.

Von Vaclav Havel gibt es in diesem Zusammenhang einen wunder-schönen Aphorismus: „Hoffnung ist nicht der Glaube daran, dass etwas gut ausgeht. Sondern es ist die Gewissheit, dass etwas Sinn hat. Egal wie es ausgeht."

Autonomie und Selbstbestimmung gelten natürlich nicht absolut. Als politische Tiere (so Aristoteles) sind wir eingebunden in ein Netz sozialer Pflichten. Säkulare Gegner des Freitods werden stets das ‚Gesellschaftsargument' ins Feld führen. Zumindest aber auf den Alterssuizid bezogen stehen ihre Argumente indes auf etwas wackeligen Füßen. (Siehe auch Leitfrage 3)

Mächtigere Geschütze werden von denen aufgefahren, die um unser Seelenheil bemüht sind. Hier gilt es, uns über unsere emotionalen Einfallstore im Klaren zu sein und sehr kritisch auf die verwendete Sprache und ihre Begrifflichkeiten zu achten. Indem z. B. die christliche Religion das Grundgefühl der Hoffnung zu einer „Tugend“ erklärt hat – zu hoffen wird dir also vorgeschrieben – hat es unsere Zukunftsängste und damit auch unsere Todesangst außerordentlich verstärkt.

Unser Bedürfnis nach ‚Sinn‘ macht uns halt über alles Maß hinaus manipulierbar. Man könnte die Tiere beneiden, scheinen sie doch nicht so grundlegend emotional unzufrieden zu sein, wie wir Menschen es sind. Wir Menschen wollen ständig über uns hinaus kommen, auch über unseren Tod. Ängstlich, neugierig und illusionistisch sind wir.

Der Mythos kann uns so leicht bannen. Er bedient sich unserer eingefleischten Sehnsüchte. Nehmen wir von den vielen Gedichten und Sentenzen zur Sehnsucht und ihrem Doppelgesicht, geprägt von einem lustvollen Erwarten und eben auch von einem leidvollen Unerfüllt Sein einmal einen Ausspruch des alten Thomas von Aquin: „Des Menschen Sehnsucht geht dahin, ein Ganzes und Vollkommenes zu erkennen.“

Ein naiver Erkenntnisoptimismus. unserer Sehnsucht geschuldet und vom Mythos bedient..

Ach und dann gibt es noch dieses gesellschaftliche ‚Man‘. Im Wege der Sozialisation werden wir ins ‚Man‘ integriert. Weitverbreitet ist zum Beispiel die Auffassung, wer „Selbstmord“ begeht, ist krank. Das ‚Man‘ differenziert nicht gern.

Wer sich schlicht am ‚Man‘ orientiert, hat nach Heidegger kein Selbst im eigentlichen Sinne. „Zunächst ‚bin‘ ich nicht ‚ich‘ im Sinne des eigenen Selbst ... zunächst ist das Dasein ‚Man‘ und zumeist bleibt es so.“

Heidegger wählt also die Begrifflichkeit von einem „eigenen Selbst“, und dieses Selbst kann sich nur realisieren, wenn es einen Freiraum zur Selbstbestimmung hat. So sieht es ja auch unser Grundgesetz. Der selbstbestimmte Tod macht indes für das ‚Man‘ keinen Sinn, weil der Tod keinen Sinn zu machen scheint, es sei denn, er wird verknüpft mit einer besonderen Heilslehre. Da die christliche Heilslehre den ‚Selbstmord‘ aber verdammt hat, wird es schwer mit der mit der Selbstbestimmung.

Wie gesagt, Pflanzen leben und sterben, die Tiere leben und sterben, Menschen aber wollen mehr, sie wollen ‚Sinn‘. Dieser Sinn soll dann ein hoch geistiger, ein übernatürlicher sein. Erfolgreiche Bevormunder werden uns immer erzählen, wir müssten geistig über uns hinaus-kommen, und ein höheres Sinnangebot halten sie auch stets bereit. Das fraglos Höhere, das unbedingt Wahre, das Absolute lässt uns vertrauen. Vertrauen zu haben ist ein schönes Gefühl. Wir wollen nicht als „Verlorene" sterben.

Aber es gibt doch auch ein grundsätzliches Vertrauen in das Große und Ganze mit allen seinen Unzulänglichkeiten, einfach so. Es ist, wie es ist, wir können in Ruhe sterben, weil alles irgendwie in allem auf-gehoben ist. Wer hat uns dieses kindliche Urvertrauen ausgetrieben? (Siehe auch Leitfrage 4)

Der Kosmos bedarf der Zuschreibung einer menschlichen Sinngebung nicht. Wir können unsererseits einfach mal davon ausgehen, in der bestmöglichen aller Welten zu leben, wie dies auch der große Leibniz meinte und dies dann in einer höchst vertrackten Weise mit seiner Monadenlehre versucht hat zu begründen. Bei Leibniz und vielen an-deren „Aufklärern" zeigt sich unser anthropomorphes Ordnungsdenken überdeutlich, während später C. G. Jung dahin kam zu sagen, „Das Unerwartete und das Unerhörte gehört in diese Welt."

Vertrauen in das ‚große Geheimnis' zu haben, dazu werden wir schließlich auch in der Bibel aufgefordert. Zum Beispiel in Römer 11,13: „Oh welch eine Tiefe des Reichtums, der Weisheit und der Erkenntnis Gottes! Wie unergründlich sind seine Entscheidungen, wie unerforschlich seine Wege."

Wir stehen halt auf einem schwankendem Grund, müssen dies demütig hinnehmen und auch Vertrauen haben. So war Montaigne fasziniert von der Macht der Schicksalsgöttin Fortuna. Ihr Füllhorn und ebenso ihr Schicksalsruder bestimmen nach ihm unser Leben. Fortuna zeigt sich uns indes als launisch und unberechenbar. Der christliche Hochgott greift dabei offenbar überhaupt nicht ein. David Hume (vgl. Leitfrage 5) argumentierte zu Recht, dass wir einen Gott, der durch ständige Abwesenheit glänzt, doch auch nicht fürchten müssen.

Furcht und Angst lähmen uns da, wo wir keinen Sinn sehen. Indem die Furcht uns in die Hoffnung reibt, treibt uns die Hoffnung in „ziellose Erwartungen" (Epikur).

Akzeptieren wir, dass Leben und Tod kontingent sind. Warum muss es immer diesen einen „höheren" Sinn geben? Natürlich wollen wir sinnvoll und nicht sinnlos leben, die Notwendigkeit einer Sinngebung liegt uns vor den Füßen. Gut so, wir versuchen unser kleines Leben sinnvoll zu gestalten, wozu eben für Philosophen auch die Gestaltung des eigenen Todes gehört.

Der besonnene Mensch „begehrt nichts zu sein, als was er ist."(Hermann Hesse) Furcht und Hoffnung werden uns immer begleiten, aber wir können mit einer gewissen Sturheit alle abblocken, die mit Eifer versuchen diese beiden Egogefühle in uns hoch zu kochen.

Demokrit und Epikur haben das Ziel benannt, jene innere Heiterkeit, jene innere ‚Wohlgemutheit', die Euthymia, die uns dazu verhelfen kann, unser Leben und unseren Tod nicht so schrecklich wichtig zu nehmen.

Literatur

Amery, Jean: *Hand an sich legen.* Verlag Klett-Kotta, 17. Aufl. 2019

Amery, Jean: *Über das Altern.* Verlag Klett-Kotta, 11. Aufl. 2020

Birnbacher, Dieter: *Tod.* Verlag De Gruyter, 2017

Bondewijn, Chabot: *Dignified Dying.* Verlag ePub ISBN/eaN: 978-1-326-37778-6 (E-Book)

Comte-Sponville, André: *Ermutigung zum unzeitgemäßen Leben. Ein kleines Brevier der Tugenden und Werte.* Rororo-Sachbuch, 1998

Düber, Jessica: *Selbstbestimmt Sterben – Handreichung für einen rationalen Suizid.* Verlag Neobooks 2017 (E-book)

Ermann, Adolf: *Die Literatur der Ägypter.* Leipzig 1923 (1970)

Flaßpöhler, Svenja: *Mein Tod gehört mir. Über selbstbestimmtes Sterben.* Pantheon, München 2013, ISBN 978-3-570-55227-8.

Flaßpöhler, Svenja: *Gibt es einen guten Tod?* in: Philosophie-Magazin 1/2016

Harari, Yuval Noah: *Eine kurze Geschichte der Menschheit.* Verlag DVA, 2013

Hellmann, Frank: *Lebensintensiv, gesund und tot.* In DGHS-Schriftenreihe 4/2029,

Hume, David: *Über Selbstmord.* 1757

Küng, Hans/Jens, Walter: *Menschenwürdig sterben.* Piper Verlag 2010

Leng, Herrmann-Otto: *Die Dimensionen der Demut. Ein naturgemäßer Zweifel an der Ausrichtung des Lebens.* Baden-Baden: Deutscher Wissenschaftsverlag(DWV) 2015.

Lewinski, Manfred: *Selbstbestimmt Sterben können. Ersehnt – geboten – gemeinverträglich.* DGHS-Schriftenreihe Nr 15 ; 2019

Macho, Thomas: *Das Leben nehmen – Suizid in der Moderne.* Verlag Suhrkamp/Insel 2017

Miller, Anais: *Endstation Freitod: Schnauze voll vom Leben.* Selbstverlag 2018

Mokrosch, Reinhold: *Zwischen Lebenssatt und Lebensmüde.* ev. Landeskirche Hannover, Tagungsthema 17.10.2013

Moll-Schmidhäuser,Ines: *Aus freiem Willen gehen.* DGHS-Schriftenreihe 14, 2018

Montaigne, Michel de: *Philosophieren heißt sterben lernen.* in: Michel Eyquem de Montaigne:Essais. Übers. Hans Stilett, Frankfurt/ M.: Eichborn, 1998.

Nagel, Thomas: *Was bedeutet das alles? Eine kurze Einführung in die Philosophie.* Reclam 2012

Niculescu, Victor: *Selbstbestimmtes Sterben. Sanfter Tod bei klarem Geist. Streitschrift Argumentation Anleitung.* Verlag Lugean, 2019

Nitschke, Philip/Steward, Flora: *Die friedliche Pille. Sanft einschlafen für immer. Der Ratgeber zum selbstbestimmten Sterben.* Exit International 2017

Obermeier, Otto-Peter: *Der Tod beißt nicht. „Selbstmord" oder wohlüberlegter „Austritt" aus dem Leben.* In: der blaue reiter, Ausgabe 44, 2/2019

Puppe, Peter: *Sanfte Sterbehilfe ohne Arzt; der sanfte Tod HEUTE.* 2019 Selbstverlag www.sterbendürfen.de

Romm, James S.: *Seneca, Über die Kunst des Sterbens. Alte Weisheiten für ein erfülltes Lebensende.* Finanzbuchverlag 2019

Schüle, Christian: *Wie wir sterben lernen.* Essay , Pattloch 2013

Spaemann, Robert: *Sterbehilfe - Euthanasie.* in: Die Zeit Nr 07/2015

Sternberger, Dolf: *Gesamtausgabe, Band 1* Insel-Verlag 1977.ff

Stöcklein, Sara: *„Meditare Mortem". Tod und Sterne in Senecas epistulae morales.* Dokument Nr. V80886 http://www.grin.com

Taylor, Charles: *Quellen des Selbst. Die Entstehung der neuzeitlichen Identität.* (= Suhrkamp Taschenbuch Wissenschaft. Band 1233). Suhrkamp, Frankfurt am Main 1996

Waak, Anne: *Der freie Tod. Eine kleine Geschichte des Suizids.* Verlag

Wolff, Christian: *Vernünftige Gedanken von Gott, der Welt und der Seele des Menschen, auch allen Dingen überhaupt, den Liebhabern der Wahrheit mitgetheilet.* 6.Auflage 1936;

FSC
www.fsc.org
MIX
Papier | Fördert gute Waldnutzung
FSC® C083411

Zeitfracht Medien GmbH
Ferdinand-Jühlke-Straße 7
99095 Erfurt, Deutschland
produktsicherheit@kolibri360.de